MERIAN

Reiseführer

Barcelona

Sascha Borrée

W0056254

ZEICHENERKLÄRUNG

 MERIAN TOP 10

🚩 MERIAN
Empfehlungen

👁 Im Vorbeigehen
entdeckt

PREISKLASSEN

Preise für ein Doppel-
zimmer mit Frühstück:
€€€€ ab 200 €
€€€ ab 110 €
€€ ab 80 €
€ bis 80 €

Preise für ein drei-
gängiges Menü:
€€€€ ab 100 €
€€€ ab 60 €
€€ ab 25 €
€ bis 25 €

HOLA BARCELONA

GRÀCIA

Dörflich, lässig, multikulti: Das alternative Viertel zwischen Passeig de Gràcia und Park Güell wirkt wie ein Gegenentwurf zum touristisch-trubeligen Stadtkern.

EIXAMPLE

Spielwiese visionärer Architekten: In der Stadterweiterung des späten 19. und frühen 20. Jahrhunderts stehen Barcelonas berühmteste Bauten – darunter die fantastische Kirche Sagrada Família und die Stadtpaläste am Nobelboulevard Passeig de Gràcia.

POBLENOU

Ateliers, Kulturzentren, sogar ein eigener Strand: Abseits vom ganz großen Trubel der Altstadt erlebt Barcelonas altes Industrieviertel seine Wiedergeburt als Kreativdistrikt.

PORT VELL, BARCELONETA UND PORT OLÍMPIC

Einst kehrte die Stadt dem Meer ihren Rücken zu, heute kann sie kaum noch genug bekommen vom Wasser: Barcelonas maritime Seite entwickelt sich mit rasanter Dynamik.

KARTEN UND PLÄNE

DIE THEMEN DER STADT

SPAZIERGÄNGE UND AUSFLÜGE

MEIN BARCELONA

Was ist das für eine Stadt, die fieberhafte Architektur-Visionen in die Realität hineinragen lässt? Die so postmodern wirkt wie provinziell, so reich beschenkt wird von Meer und Sonne? Annäherungen an eine Metropole, die ihre Widersprüche zelebriert.

Beim ersten Mal kamen mir fast die Tränen. Ich war gerade seit ein paar Tagen in der Stadt, hatte natürlich schon von der Casa Batlló gehört, wollte das berühmte Gaudí-Gebäude jetzt mit eigenen Augen sehen. Und dann stand ich davor, stand drin, war wie überwältigt: das geschuppte Drachendach, das in der gleißenden Mittelmeersonne glitzert; die Balkonbrüstungen, die wie schlüpfende Küken aus der Fassade herausdrängen; Säulen wie Baumstämme oder wie die Knochen eines riesigen Fabeltiers; Wände, die sich wellen und winden. Alles vibriert, pulsiert, wirkt seltsam lebendig!

Ich war ergriffen, so viel Anmut hatte ich nicht erwartet. Vor allem aber hatte ich nicht erwartet, dass irgendwo auf dieser Welt solche kühnen, fieberhaften Visionen tatsächlich in die Realität hineinragen – nicht nur als Idee und Skizze, aus Pixeln oder Pappmaschee, als Kulisse für einen Themenpark oder Fantasyfilm. Nein, die Casa Batlló war und ist ein ernst gemeinter Beitrag zum Stadtbild einer Millionenmetropole, genauso wie die noch berühmtere Sagrada Família und viele weitere Modernisme-Bauten in Barcelona.

Was für eine Stadt leistet sich solche Architekten und Gebäude? Was für eine Stadt baut Blindenheime und Krankenhäuser, die an märchenhafte Palastkomplexe erinnern? Vielleicht war schon an jenem Nachmittag in der Casa Batlló klar, dass mein erster Barcelona-Besuch damals nur ein Anfang sein sollte, dass ich wiederkommen und länger bleiben würde. Dass ich wissen wollte, wie sich der Alltag zwischen solchen Häusern anfühlt. Ich wollte wissen, wie es sich lebt in dieser Stadt der Gegensätze, die manchmal so knorrig archaisch wirkt,

Verzierte Fenster mit Blick auf die Sagrada Família im Hospital de Sant Pau.

dann wieder so kosmopolitisch; so altmodisch wie aufgeregt postmodern; so charmant provinziell wie international. Und ja, zugegeben, auch das Leben in einer Stadt, die so reich von Sonne und Meer beschenkt wird, wollte ich kennenlernen. Ich wollte diese Stadt verstehen.

Ob mir das mittlerweile gelungen ist? Ich habe da meine Zweifel. Klar, ich habe Barcelona intensiv erlebt, kann auf den folgenden Seiten jetzt die eine oder andere Geschichte erzählen, Hintergründe erklären, Zusammenhänge aufzeigen. Aber die Stadt wirklich verstehen? Vielleicht geht es darum auch gar nicht. Vielleicht geht es eher darum, Barcelona immer wieder zu bestaunen, zu erfahren, aufs Neue zu entdecken: ohne besondere Erwartungen, dafür mit offenem, frischem Forscherblick. Ich wünsche Ihnen viele bewegende Entdeckungen!

Sascha Borrée hat Barcelona zum ersten Mal für einen Sprachkurs besucht – und ist dann immer wieder zurückgekehrt, hat insgesamt ein Jahr lang in der Mittelmeermetropole gelebt. Er schreibt seit 20 Jahren als freier Autor und Reporter für diverse Magazine und Blogs, vor allem über Themen wie Natur und Technik, Mensch und Wildnis, Psychologie und Spiritualität.

Die Stadt bei Sonnenuntergang. Im Vordergrund
die Catedral de Santa Creu i Santa Eulàlia im
Stadtviertel Barri Gòtic.

DER ERSTE BLICK AUF BARCELONA

★ MERIAN TOP 10

*Das sind sie – die Sehenswürdigkeiten, für die Barcelona weit
über die Grenzen der Stadt hinaus bekannt ist.*

☆ Barri Gòtic
Alte Gemäuer, enge Gassen, verwunschene Plätze – das historische Herz der Stadt. → S. 54

☆ Les Rambles
Viel Verkehr, dichtes Gedränge, bunte Straßenkünstler: Barcelonas berühmt-berüchtigte Flaniermeile. Eine Bühne für Einheimische und Gäste. → S. 65

☆ La Boquería
Der legendäre Markt gilt als »Bauch von Barcelona«, wird von
den besten Köchen der Stadt geschätzt und hat eine unschlag-
bare Lage: direkt an den Ramblas. → S. 71

☆ Museu Picasso
Das meistbesuchte Museum der Stadt, gewidmet vor allem
dem Frühwerk des großen Künstlers, der einst an der Kunstakademie der Stadt studierte. → S. 103

☆ Palau de la Música Catalana
Prunk, Protz oder Peinlichkeit? Die opulente Ornamentik des
Musikpalasts polarisiert. Einst wurde sein Abriss gefordert,
heute gehört das Gebäude zum Weltkulturerbe. → S. 107

☆ Passeig Marítim de la Barceloneta
Mit der Metro zur Platja: Auf der Strandpromenade trifft sich
die ganze Stadt. → S. 115

☆ Park Güell
Geplant als Gartenstadt, heute eine herrliche Park- und Mär-
chenlandschaft. → S. 145

Innenraum der Sagrada Família. Erst seit 2019 gibt es eine Baugenehmigung für die Kirche. 137 Jahre lang war das Lebenswerk von Antoni Gaudí ein Schwarzbau.

8 Passeig de Gràcia

Beste Adresse: Die noble Prachtmeile ist gesäumt von eleganten Hotels, hochkarätigen Museen – und berühmten Gaudí-Gebäuden. → S. 162

9 Casa Batlló und Casa Milà

Bizarr und weltberühmt: die beiden Stadtpaläste am Passeig de Gràcia, gebaut zu Beginn des 20. Jahrhunderts von Architekturgenie Antoni Gaudí. → S. 168, 170

10 Sagrada Família

Barcelonas weltberühmtes Wahrzeichen: die wohl seltsamste – und bald auch größte – Kirche der Welt. 2026, 100 Jahre nach Gaudís Tod, soll der Bau vollendet sein. → S. 174

⚑ MERIAN EMPFEHLUNGEN

Ungewöhnliche Perspektiven, charmante Orte und feine Details versprechen besondere Augenblicke.

1 Gràcias Plätze
Bummel über die kleinen Plazas im dörflichen Gràcia. → S. 69

2 Centre de Cultura Contemporània de Barcelona
Ausstellungen, Festivals und kreative Experimente. → S. 78

3 Dos Palillos
Sushi- oder Tapas-Bar? Beides! Fernöstliche Tapas quasi. Und zwar mit Michelin-Stern. → S. 87

4 Parc de la Ciutadella
Pause machen: beim Picknick im großen Stadtpark. → S. 99

5 Museu de la Xocolata
Erzählt von Barcelonas ganz besonderer Beziehung zur Schokolade. Schauen und naschen! → S. 101

6 Trencadís-Mosaike
So bunt wie brüchig: Barcelonas berühmte Mosaik-Technik. Auch als DIY-Workshop! → S. 106

7 El Xampanyet
Legendäres Cava-Kultlokal. → S. 111

8 Montjuïc
Kleine Fluchten auf den Haushügel der Stadt. → S. 126

9 Centre Artesà Tradicionàrius
Zentrum für Kataloniens folkloristische Musikstile. → S. 144

Der Mercat de Sant Antoni erstrahlt nach der Renovierung im ursprünglichen Glanz.

10 Camp Nou

Pilgerstätte für Fans: Europas größtes Fußballstadion. → S. 154

11 Sagrat Cor

Die Gipfelkirche auf dem Tibidabo bietet ein atemberaubendes Barcelona-Panorama. → S. 160

12 Mercat de Sant Antoni

Fit für die Zukunft: Barcelonas größte – und gerade frisch sanierte – Markthalle. → S. 182

13 Mercat de la Concepció

Blütenpracht im riesigen Blumen-Großmarkt, geöffnet rund um die Uhr. → S. 183

14 Poblenou

Früher Barcelonas Werkbank, heute das neue In- und Kreativviertel der Stadt. → S. 184

15 Sitges

Abstecher in den mondänen Badeort. → S. 203

BARCELONA KOMPAKT

Daten und Fakten

Amtssprachen: Spanisch (Kastilisch), Katalanisch, Aranesisch

Autonome Gemeinschaft: Katalonien

Bevölkerung: Spanier 83 %, Ausländer 17 % – vor allem aus lateinamerikanischen Ländern und Europa

Bevölkerungsdichte: 16 000 Einw./km²

Einwohner: 1,6 Mio.

Fläche: 102 km²

Höhe über NN: 12 m

Religion: v. a. Katholiken (etwa 90 %)

Verwaltung: 10 Distrikte

Währung: Euro

Website: www.barcelona.cat

Bevölkerung

Mit 1,6 Mio. Einwohnern ist Barcelona die größte europäische Mittelmeermetropole – und direkt nach Madrid die zweitgrößte Stadt in Spanien. Wenn man die Vororte Barcelonas einbezieht, verdoppelt sich die Einwohnerzahl der Stadt: Rund 3,2 Mio. Menschen leben in der sogenannten »Àrea Metropolitana de Barcelona«.

Geografie und Lage

Im Nordosten der Iberischen Halbinsel liegt Barcelona direkt am Mittelmeer. Natürliche Grenzen bilden außerdem im Rücken der Stadt die Bergkette Serra de Collserola, im Süden der Fluss Llobregat und im Norden der Fluss Besòs. Nicht zuletzt deswegen ist die Metropole auf vergleichsweise kleiner Fläche (nur ein Drittel des Münchener, ein Viertel des Kölner oder ein Zehntel des Hamburger Stadtgebiets) sehr dicht besiedelt. Die Altstadt und andere küstennahe Stadtteile liegen nur leicht über dem Meeresspiegel, nennenswerte Erhebungen kommen kaum vor. Allein der als Hausberg Barcelonas bekannte Montjuïc ist hier die Ausnahme: Er scheint fast direkt aus dem Mittelmeer zu wachsen und erreicht dabei eine Höhe von 173 m. Viele andere Viertel, etwa Gràcia, Sarrià oder Sant Gervasi de Cassoles, erstrecken sich über die höher gelegenen Ausläufer der Bergkette Serra de Collserola. Schon der Pracht-

Mosaik-Kunst von Antoni Gaudí im beeindruckenden Märchengarten Park Güell.

boulevard Pg. de Gràcia steigt ausgehend von der Pl. de Catalunya spürbar nach Nordwesten an.

Politik und Verwaltung

Auf vielen Politikfeldern fallen die Entscheidungen in Madrid – dort sitzt die spanische Zentralregierung, zu ihren Kompetenzen gehören unter anderem Außenpolitik, Innere Sicherheit, Finanzen und der überregionale Verkehr (zum Beispiel der Schienenverkehr des staatlichen Bahnunternehmens renfe). Darüber hinaus gibt es in der Autonomen Gemeinschaft Katalonien eine Regionalregierung (Generalitat de Catalunya), kommunale Fragen liegen in der Zuständigkeit von Bürgermeister und Stadtrat (Ajuntament). Barcelona setzt sich aus zehn Verwaltungsbezirken zusammen. Jeder Bezirk hat einen eigenen Bezirksrat und einen Ratsvorsteher, in manchen kommunalen Fragen wird ihnen ein gewisses Entscheidungs- und Mitspracherecht eingeräumt.

Religion

In der Stadt bekennt man sich – wie im übrigen Spanien – traditionell zum Katholizismus. Nur rund 10 % der Einwohner sind hier gar nicht oder anders gläubig. Während die Sagrada Família einst als Sinnbild eines besonders strengen Glaubens entstand, hat die Religion im Alltag vieler Menschen mittlerweile erheblich an Bedeutung verloren.

Sprache

Spanisch (hier Kastilisch, Castellano, genannt) wird von fast allen Bewohnern der Stadt gesprochen. Als Muttersprache gilt vielen aber das Katalanische, Català. Man nutzt es ganz selbstverständlich im Familienkreis, unter Freunden, am Arbeitsplatz, in Schule sowie Universität, auch im Parlament. Da viele Zuwanderer aus anderen spanischen Regionen meist kein Katalanisch beherrschen, kommt es hier immer wieder zu Debatten und Konflikten.

Wirtschaft

Früher gehörte die Gegend um Barcelona zu den großen Industriegebieten Europas, bis heute bildet die Stadt das Zentrum einer der stärksten spanischen Wirtschaftsregionen. Zu den wichtigsten Branchen zählen die Automobil-, Chemie-, Pharma- und Textilindustrie. Auch als Medienmetropole ist Barcelona vielen ein Begriff, nirgendwo sonst haben sich so viele spanische Verlagshäuser angesiedelt.

Klima (Mittelwerte)

	Januar	Februar	März	April	Mai	Juni	Juli	August	September	Oktober	November	Dezember
Tages-temperatur	13	14	16	18	21	25	28	28	25	21	16	13
Nacht-temperatur	6	7	9	11	14	18	21	21	19	15	11	8
Sonnen-stunden	4	5	6	7	8	9	10	8	6	6	5	5
Regentage pro Monat	5	5	8	9	8	6	4	6	7	9	6	6
Wasser-temperatur	13	12	13	14	16	19	22	24	22	20	16	14

Die Grafik zeigt es: Lange gerade Straßen prägen den Stadtteil Eixample.

Barcelonas Promenaden nach Länge

Passeig del Born: 0,1 km
Rambla del Raval: 0,3 km
Les Rambles: 1,2 km
Passeig Marítim de la Barceloneta: 1,2 km
Rambla de Catalunya: 1,3 km
Passeig de Gràcia: 1,5 km
Avinguda del Tibidabao: 1,5 km

Höchste Gebäude und Gipfel

Tibidabo: 512 m
Montjuïc: 173 m
Sagrada Família bei Fertigstellung: 170 m
Sagrada Família derzeit/seit Jahrzehnten: 112 m
Hotel Arts/Torre Mapfre: 154 m
Torre Glòries: 142 m
Torre Calatrava: 136 m
Hotel Vela/W Hotel: 99 m
Kathedrale: 53 m

Kein Gebäude in Barcelona darf den Montjuïc überragen, die Sagrada Família wird deshalb nur ganz knapp an diese Grenze kommen – und bei ihrer Fertigstellung dann trotzdem die größte Kirche der Welt sein.

Städtebau

Leicht zu erkennen ist das Schachbrettmuster der modernen Planstadt Eixample (→ Grafik oben). Mit durchschnittlich mehr als 35 500 Menschen pro km² gehört der Stadtbezirk zu den europaweit am dichtesten besiedelten Orten. Die Bevölkerungsdichte ist hier sogar deutlich höher als in Monaco oder Hongkong.

GESCHICHTE

Eine Zeitreise durch zwei Jahrtausende: Wer die Stadt verstehen will, muss ihre Geschichte kennen – die dunklen Stunden genauso wie die großen Blütezeiten.

Gründung Barcinos (15–10 v. Chr.)

Die kleine römische Kolonie Barcino entwickelt sich schnell zu einem wichtigen Handelsstützpunkt. Auf dem heute als Barri Gòtic bekannten Gebiet entstehen beeindruckende Bauten, etwa der prächtige **Augustustempel.**

Die Mauren (8. Jh.)

Die aus Nordafrika kommenden Mauren erobern große Gebiete des heutigen Spaniens – und bleiben teilweise bis ins 15. Jahrhundert. Nur nicht in Katalonien und Barcelona: Hier werden die moslemischen Mauren schon **801** wieder vertrieben, lange entwickelt sich Katalonien jetzt losgelöst vom übrigen Spanien.

Krone Aragón (1137)

Mit dem aragonesisch-katalanischen Königreich bildet sich ein neuer Staat. Barcelona wird **Regierungssitz** – und bald ein ernst zu nehmender Machtfaktor. Für die mittelalterliche Stadt beginnt eine beispiellose Blüte. Sie sichert neue Seewege, erobert Mallorca, Menorca, Valencia, Sizilien, Sardinien und Korsika, dehnt ihre Einflusssphäre bis nach Griechenland aus. Eine komplexe katalanische Kultur entsteht, auch ein Parlament, in dem sogar das Bürgertum vertreten ist – Vergleichbares gibt es damals nirgendwo in Europa.

Vereinigung der Krone Aragón mit Kastilien (1469)

Ferdinand von Aragón und Isabella von Kastilien, bekannt als die Katholischen Könige, gehen den Bund fürs Leben ein – und vereinigen gleichzeitig ihre beiden Königreiche, gründen

Die archäologische Fundstätte El Born unter der Markthalle im Viertel La Ribera.

so den spanischen Staat. Hauptstadt wird Madrid, **Barcelona verliert an Bedeutung:** Reich beladene Handelsschiffe aus den amerikanischen Kolonien dürfen bald nur noch in Sevilla und Cádiz entladen werden.

Besetzung Barcelonas durch Philipp V. (1714)

Seit 1701 streiten die einflussreichsten Adelsgeschlechter Europas um die Macht in Spanien (Erbfolgekrieg). Katalonien unterstützt erst die Bourbonen, dann aber doch die Habsburger – und steht damit auf der Seite der Verlierer: Nach langer Belagerung marschieren die bourbonischen Truppen am 11. September 1714 in Barcelona ein. Sie reißen ein ganzes Stadtviertel ab und errichten an seiner Stelle eine riesige Zitadelle. Katalonien verliert seine politische Autonomie. Der 11. September wird bis heute als **katalanischer Nationalfeiertag** begangen.

Industrialisierung (17.–19. Jh.)

Spaniens Industrielle Revolution beginnt in Barcelona, vor allem der Raval wird zum Industriegebiet. Immer mehr Menschen ziehen in die **wachsende Stadt,** doch Arbeit finden sie nur zu Hungerlöhnen. Zwischen den engen mittelalterlichen

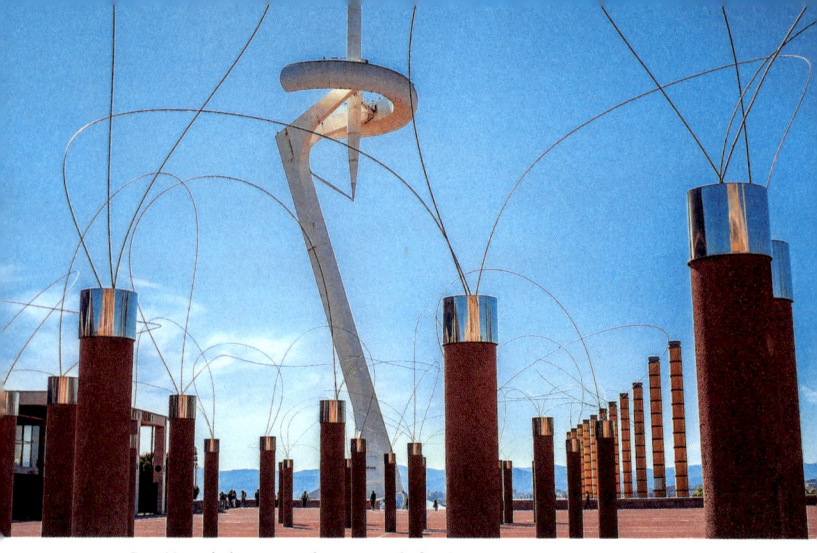

Der 136 m hohe Torre Calatrava wurde für die Olympischen Spiele 1992 gebaut.

Mauern herrschen unwürdige Lebensbedingungen, regelmäßig wüten Seuchen. Erst im späten 19. Jahrhundert darf das hoffnungslos überbevölkerte Barcelona endlich einen neuen Stadtteil bauen: Eixample (Erweiterung) soll er heißen und die bisherige Fläche Barcelonas mehr als verdoppeln. Architekturgenie **Antoni Gaudí** und weitere Vertreter des Modernisme geben der Stadt in den folgenden Jahrzehnten ihr neues Gesicht. Auch auf anderen Feldern erlebt Katalonien jetzt eine *renaixença*, eine kulturelle Wiedergeburt.

Bürgerkrieg (1936–1939)
Nach einem Militärputsch verheert ein furchtbarer Bürgerkrieg ganz Spanien, Barcelona wird zum Sammelbecken der **antifaschistischen Kräfte.** Doch mit Unterstützung der Diktaturen in Deutschland und Italien kann General Francisco Franco den Krieg schließlich für sich entscheiden, die Mittelmeermetropole fällt am 26. Januar 1939.

Franco-Diktatur (1939–1975)
Das Franco-Regime regiert nicht nur diktatorisch, sondern auch zentralistisch, betrachtet Barcelona dabei als besonders hartnäckiges Widerstandsnest. Katalanische Politiker werden

ermordet, Kulturgüter verboten. Sogar die katalanische Sprache verbannt der Diktator aus dem öffentlichen Leben. Doch statt seines Ziels – der Vernichtung einer kulturellen Identität – erreicht Franco das genaue Gegenteil: Katalanisch zu fühlen, zu denken und zu sprechen – das wird jetzt zum **Zeichen zivilen Ungehorsams.**

Neue Blütezeit (ab 1975)

Nach dem Tod von Francisco Franco wird Spanien zur parlamentarischen Monarchie. Katalonien und andere Regionen dürfen sich bald teilweise selbst verwalten, auch die katalanische **Kultur und Sprache blühen** wieder auf. Der Beschluss, die Olympischen Spiele von 1992 nach Barcelona zu vergeben, leitet schließlich einen beispiellosen Boom für die Metropole ein. Vor allem die lange Zeit vernachlässigte Wasserseite profitiert: Schöne, großzügige Promenaden entstehen am Port Vell und in La Barceloneta, mit dem Port Olímpic erhält Barcelona sogar einen komplett neuen Bezirk. Auch nach den Spielen hält die rasante Dynamik an. Die Wirtschaft wächst weiter, alte Stadtteile werden modernisiert. Junge, kreative Menschen aus ganz Europa entdecken Barcelona als ihr persönliches Eldorado. Erst 2008, mit Beginn der **Weltwirtschaftskrise**, findet der Boom ein vorläufiges Ende.

Volksabstimmung und Unabhängigkeitsbewegung (2017)

Das Selbstbewusstsein der Katalanen ist ungebrochen, immer wieder wird die Forderung nach mehr Autonomie oder sogar **Unabhängigkeit** gestellt. Am 1. Oktober 2017 eskaliert die Situation. Die katalanische Regionalregierung ruft zur Volksabstimmung auf. Die Zentralregierung in Madrid erklärt das Referendum für illegal, lässt schwer bewaffnete Polizisten aufmarschieren. Die Bilanz des Tages: mehr als 1000 behandlungsbedürftige Verletzte, eine Wahlbeteiligung von 43 Prozent, eine Mehrheit von 92 Prozent für einen unabhängigen katalanischen Staat. Und Haftbefehle für viele führende katalanische Regionalpolitiker. Die katalanische Frage – sie wird wohl auf absehbare Zeit ungelöst bleiben.

Die Estelada, die Flagge Kataloniens, zeigt die Forderung nach Unabhängigkeit.

KATALONIEN KONTROVERS!

Von A(utonomie) bis Z(entralstaat)

Die Bilder gingen um die Welt: Menschen, die die Wahl haben wollten, die auf die Straßen strömten, Fahnen schwenkten – und von schwarz uniformierten Polizisten in schwerer Schutzkleidung niedergeprügelt wurden. Szenen, die man aus autoritär regierten Staaten erwartet. Aber aus einer der großen europäischen Demokratien, aus Barcelona?

Die Frage, wie eigenständig Katalonien sein soll, hält Spanien seit Jahrzehnten in Atem. Mal köchelt sie vor sich hin, dann beginnt sie wieder zu brodeln. Doch einen Tag wie den **1. Oktober 2017** hatte es vorher noch nie gegeben: Die katalanische Regionalregierung hatte zum **Referendum** aufgerufen – und die spanische Zentralregierung eben jene Volksabstimmung verboten.

Zwei Millionen Menschen scherten sich nicht um das Verbot, sie wollten ihre Stimme abgeben. Was in den meisten Fällen auch problemlos funktionierte. Nur manche Wahllokale in

Barcelona wurden von Beamten der Guardia Civil erst abgeriegelt, dann erbittert verteidigt, als die Wähler trotzdem kamen. Die Bilanz des Tages: Mehr als 1000 behandlungsbedürftige Verletzte, eine Wahlbeteiligung von 43 Prozent, eine Mehrheit von 92 Prozent für einen unabhängigen katalanischen Staat. Und dazu kamen Haftbefehle für viele führende katalanische Regionalpolitiker.

Wie es so weit kommen konnte? Der katalanische Wunsch nach Autonomie ist schon so alt wie die spanische Demokratie. Oder, besser gesagt: Er ist noch viel älter, in den Jahrzehnten der Franco-Diktatur ab 1939 aber mit brutalen Repressionen klein gehalten worden. Francisco Franco, der faschistische Generalissimo, setzte damals auf einen autoritären Zentralstaat, verbannte die katalanische Sprache aus dem öffentlichen Leben, verbot sogar den Volkstanz *sardana*. Doch statt die kulturelle Identität der Region zu zerstören, stärkte er sie letztlich nur noch. Der zivile Ungehorsam gegen die verhasste Diktatur wuchs weiter.

Erst als der Diktator 1975 starb, begann eine neue Blüte für die katalanische Kultur – und für eine immer stärker werdende Bewegung, die mindestens mehr Autonomie, wenn nicht sogar **Unabhängigkeit** forderte. Denn der Eindruck, von der Zentralregierung nicht fair behandelt zu werden, blieb vielen Katalanen auch im neuen demokratischen Spanien erhalten. Zwischenzeitlich, 2006, schien eine Lösung sogar greifbar nah. Das spanische Parlament verabschiedete ein sogenanntes **Autonomiestatut,** Katalonien sollte sich künftig in vielen Belangen selbst verwalten dürfen. Doch die konservative Partido Popular, die gegen das Gesetz gestimmt hatte, klagte vor dem Verfassungsgericht – das schließlich entscheidende Artikel des Status verwarf.

Spätestens seither sind die Fronten verhärtet, der Konflikt hat sich nur noch zugespitzt. Die einen fordern nicht weniger als einen unabhängigen Staat, die anderen wollen auf dieser Grundlage nicht mal mehr reden. Eine echte Lösung für die katalanische Frage: Sie ist noch immer nicht in Sicht – und wäre doch so wichtig.

ÜBERNACHTEN

Hotels, von denen die ganze Stadt spricht – wegen ihres Flairs, ihrer Geschichte und ihrer Gäste. Damit man auf der Reise so unterkommt, wie man es sich vorstellt.

CHARMANTE UNIKATE

Kosmopolitisch schick
Granados 83 D5

Eine wahre Schatzkiste mit Fundstücken aus aller Welt: nordisches Mobiliar und indische Antiquitäten, ein japanischer Garten und asiatisch-mediterrane Küche. Das mutig-minimalistische Design ist von **Art déco** und **Zen-Ästhetik** inspiriert, und trotz eklektischer Einflüsse wirkt es wie aus einem Guss. Weitere Pluspunkte des Hauses sind die Lage nur wenige Schritte vom noblen Pg. de Gràcia sowie die herrliche Dachterrasse mit Pool.

Eixample | C. d'Enric Granados | Metro: Diagonal | Tel. 9 34 92 96 70 | www.hotelgranados83.com | 77 Zimmer | €€€

Klein, edel, filmreif
Margot House E5

Der Name ist eine Reminiszenz an den Kino-Klassiker »The Royal Tenenbaums« von Kultregisseur Wes Anderson – oder genauer gesagt an dessen Filmfigur Margot Tenenbaum, gespielt von Gwyneth Paltrow. Ein kleines Boutique-Hotel, das ganz auf **Understatement** setzt. Das Design changiert zwischen skandinavisch und japanisch, setzt dabei stark auf Holz und Beton. Frühstück kann man à la carte bestellen, Drinks gibt es in der hoteleigenen Lounge. Unschlagbar ist der Blick über den Pg. de Gràcia zu Gaudís genialer Casa Batlló, die direkt auf der anderen Straßenseite steht.

Eixample | Pg. de Gràcia 46 | Metro: Pg. de Gràcia | Tel. 9 32 72 00 76 | www.margothouse.es | 9 Zimmer | €€€

Elegant übernachten die Gäste des Hotels Banys Orientals in El Born.

LÄSSIGES DESIGN

Bezahlbare Eleganz
Banys Orientals E7
Zentraler kann man in Barcelona kaum logieren: Das Banys Orientals liegt im quirligen Szenebezirk El Born, gleich an der Grenze zum Barri Gòtic – manche Zimmer bieten sogar Blicke auf die Kathedrale. Dieser Klassiker unter den Designhotels der Stadt wirkt so zeitlos wie seit jeher. Das Interieur des bekannten Innenarchitekten **Lázaro Rosa-Violán** überzeugt mit schlichter, durchdachter Eleganz zu bezahlbaren Preisen.

El Born | C. de l'Argenteria 37 | Metro: Jaume | Tel. 9 32 68 84 60 | www. hotelbanysorientals.com | 43 Zimmer | €€

Lässig wohnlich
Casa Camper D6
Das hippe Boutiquehotel im Raval gehört zur gleichnamigen Schuhmarke aus Mallorca. Seine (neben mit Betten auch mit Hängematten ausgestatteten) Zimmer wurden von der lokalen Designlegende **Fernando Amat** gestaltet – lässig, schlicht, schön. Rund um die Uhr gibt es ein frisches Snackbüfett; entspannen kann man in der Billardbar und auf der Dachterrasse.

El Raval | C. de Elisabets 11 | Metro: Catalunya, Universitat | Tel. 9 33 42 62 80 | www.casacamper.es | 25 Zimmer | €€€

Nonchalante Eleganz
Pulitzer E6

Ein wunderschönes, mit viel Liebe für Details von Barcelonas Star-Innenarchitekt Lázaro Rosa-Violán gestaltetes Hotel. **Gehobener Standard,** lässige Stimmung. Für städtische Entdeckungsfahrten kann man kostenlos Klappfahrräder leihen. Auf der Dachterrasse liefern DJs den Soundtrack für laue Nächte – bevorzugter Hipster-Hotspot.

Eixample | C. de Bergara 8 | Pl. de Catalunya, Universitat | Tel. 9 34 81 67 67 | www.hotelpulitzer.es | 91 Zimmer | €€–€€€

LUXUSHOTELS

Elegantes Großstadthotel
Gran Hotel Central E7

Luxuriöse Designherberge in einem modernisierten Gebäude aus den 1920er-Jahren. Das Hotel gibt sich zeitlos elegant und gehört zu den besten Häusern der Metropole. Der **Infinity-Pool** auf der Dachterrasse ist bekannt aus Film, Fernsehen und Werbung – von dort bieten sich herrliche Blicke über die Altstadt.

El Born | Via Laietana 30 | Metro: Jaume I | Tel. 9 32 95 79 00 | www. grandhotelcentral.com | 147 Zimmer | €€€€

Landmarke mit Meerblick
W Hotel D/E9

Wegen ihrer charakteristischen Silhouette, die an das legendäre Hotel Burj al Arab in Dubai erinnert, wird diese neueste Ergänzung der städtischen Skyline gerne *hotel vela* (Segelhotel) genannt. Der katalanische Architekt Ricardo Bofill baute die **Luxusherberge** auf einer dem Port Vell vorgelagerten Landzunge. Neben Spa, Privatstrand und erstklassiger Gastronomie bietet das 26-stöckige Gebäude auch atemberaubende Blicke über Metropole und Meer.

La Barceloneta | Pl. de la Rose del Vents 1 | Metro: Barceloneta | Tel. 9 32 95 28 00 | www.w-barcelona.com | 473 Zimmer | €€€€

HISTORISCHE HERBERGEN

Modernisme-Monument
Casa Fuster E4

Modernisme bewundern? Kann man in Barcelona fast überall. Modernisme bewohnen? Nur in ganz wenigen Häusern. Als prächtiger Stadtpalast und gleichzeitig teuerstes Gebäude der ganzen Stadt wurde die Casa Fuster zwischen 1908 und 1911 erbaut. 2004 ist nach sorgfältiger Sanierung das gleichnamige Luxushotel eingezogen. Die Herberge steht am höchsten Punkt des Pg. de Gràcia – den man von der **Dachterrasse** (mit Cocktailbar und Pool) aus in seiner ganzen Pracht und Länge überblicken kann.

Eixample | Pg. de Gràcia 132 | Metro: Diagonal | Tel. 9 32 55 30 00 | www.hotelcasafuster.com | 105 Zimmer | €€€

Restaurierte Perle
Espanya D7

Lange gehörte das fast direkt an den Rambles gelegene Espanya zu jenen in die Jahre gekommenen Häusern, die man eher wegen ihrer Patina empfahl. Nach seiner **Sanierung** erstrahlt das teils von Modernisme-Architekt Lluís Domènech i Montaner konzipierte Gebäude jetzt in neuem, altem Glanz.

El Raval | C. de Sant Pau 9–11 | Metro: Liceu | Tel. 9 35 50 00 00 | www.hotelespanya.com | 83 Zimmer | €€–€€€

Charmante Zeitreise
Mesón Castilla D6

So viel spanischen **Kolonialstil** wie in diesem Haus von 1952 hat die katalanische Hauptstadt sonst wohl nirgendwo zu bieten. Das Mobiliar des Méson Castilla ist schwer und reich verziert, die Kronleuchter sind mächtig. Am stimmungsvollsten geben sich die Zimmer im ersten, am stillsten die im fünften, dem obersten Stockwerk. Frühstück wird auf Wunsch auch im wunderschönen Garten serviert.

Barri Gòtic | C. Valldonzella 5 | Metro: Catalunya | Tel. 9 31 33 42 76 | www.atiramhotels.com | 60 Zimmer | €€

STADTBILD

Barcelona ist gebaute Geschichte: Von den Epochen, Ereig-
nissen und Persönlichkeiten, die das Gesicht der Metropole
bis heute prägen – und sie unverwechselbar machen.

Gotik: alte Gemäuer

Drei große Epochen haben Barcelona geprägt: die römische
Antike, die Gotik im Mittelalter und der neuzeitliche Modernisme. Reste aus römischer Zeit sind fast vollständig aus dem
Stadtbild verschwunden – anders als rund 100 Kilometer weiter westlich in Tarragona, der früheren römischen Provinzhauptstadt, wo man beispielsweise noch die Ruinen eines großen Amphitheaters besichtigen kann (→ S. 202). Viele bleibende
Spuren hat dagegen die Gotik hinterlassen. **Große Kirchen,**
etwa Santa Maria del Mar (→ S. 94) und Santa Maria del Pi (→
S. 70), wurden von gotischen Baumeistern errichtet. Allerdings
sind längst nicht alle Gebäude, die in Barcelona nach Mittelalter aussehen, tatsächlich so in dieser Zeit entstanden. Manche
wurden im 19. und 20. Jahrhundert regelrecht gotisiert (→
S. 30), also um pseudogotische Elemente ergänzt.

1714: von Ciutadella bis Barceloneta

In vielen deutschen Städten hat der Zweite Weltkrieg bleibende
Narben hinterlassen; in Barcelona war es der Spanische Erbfolgekrieg, der das Stadtbild einschneidend verändern sollte. Katalonien stand auf der Seite der Habsburger, den Krieg gewannen
aber die Bourbonen – die Barcelona dann mit einer mächtigen
Festung sicherten. Für diese sogenannte Ciutadella rissen sie
ein ganzes **Altstadtviertel** ab, 4500 Menschen wurden so ob-
dachlos. Aus der **Barackensiedlung,** die man für die Vertrie-
nen am Strand baute, entwickelte sich später der Stadtteil La
Barceloneta (→ S. 114). Die Zitadelle wurde im späten 18. Jahrhundert geschleift, auf der frei gewordenen Fläche schließlich
der große Volkspark Parc de la Ciutadella (→ S. 99) angelegt.

Ein Besuch der weltberühmten Sagrada Família gehört zum Pflichtprogramm.

Nasse Füße

Wo heute das beliebte Strandviertel La Barceloneta steht, hätte man früher übrigens nasse Füße bekommen. Noch im Mittelalter lag das Szeneviertel El Born (→ S. 92) direkt am Strand. Der Küste vorgelagert war die kleine **Insel Maians,** die auch schon mal als Piratenstützpunkt diente. Im Jahr 1477 wurde Maians durch einen Damm mit dem Festland verbunden, so wollte man Barcelonas Hafen vor schwerem Wellengang sichern. Praktischer, aber wohl unbeabsichtigter Nebeneffekt: Allmählich lagerte sich immer mehr Sand am Damm ab, die anfangs schmale Verbindung zwischen Insel und Küste wurde langsam breiter und breiter – und bot irgendwann Platz für ein ganzes Stadtviertel.

Märchenhafter Modernisme

Barcelonas großer Zauber geht auf die Zeit des Modernisme (→ S. 178) zurück. Bauten, die aus heutiger Sicht regelrecht märchenhaft wirken, entstanden damals, also im späten 19. und frühen 20. Jahrhundert. Manche sind mittlerweile weltberühmt, vor allen anderen die noch immer unvollendete Kirche **Sagrada Família** (→ S. 174), das Wahrzeichen der Stadt. Viele andere sind nicht weniger opulent und prächtig, immer mehr werden jetzt aufwendig saniert und für Besucher geöffnet.

Antoni Gaudí: das Genie und seine Kollegen

Als wichtigster Kopf des Modernisme, also der katalanischen Variante des Jugendstils, gilt das Architekturgenie Antoni Gaudí (→ S. 84). Seine Bauten – neben der **Sagrada Família** gehören auch der **Park Güell** (→ S. 145) und die **Casas Milà und Batlló** (→ S. 168, 170) dazu – gehören heute zu den beliebtesten Sehenswürdigkeiten der Stadt. Tatsächlich prägten aber rund 100 Architekten das Gesicht der Epoche – und damit der ganzen Stadt. Gaudís bekannteste Kollegen waren der Modernisme-Pionier Lluís Domènech i Montaner (Casa Fuster, Hospital de la Santa Creu i de Sant Pau) sowie Josep Puig i Cadafalch (Casa de les Punxes).

Barcelona boomt: im Eixample

Die meisten Modernisme-Bauten stehen im Eixample (→ S. 162). Mit dieser Neustadt hat die Metropole ihre Fläche im späten 19. und frühen 20. Jahrhundert verdreifacht. Sie gehört zu den wenigen Beispielen einer streng symmetrisch angelegten **Planstadt** in Europa. Städte, deren Grundrisse sich wie der Eixample rasterförmig über die Landschaft legen, kennt man sonst noch aus Nordamerika. Charakteristisch für den Eixample sind aber die abgeschrägten Ecken seiner quadratischen Häuserblöcke. Jede Kreuzung, so die Idee des Stadtplaners Ildefons Cerdà, sollte zu einem kleinen Platz werden. Cerdà wollte eine lebenswerte Stadt für alle Bevölkerungsschichten schaffen: Häuser nicht höher als vier Stockwerke, Bäume in den Innenhöfen. Viele seiner visionäreren Ideen wurden schließlich aus wirtschaftlichen Gründen wieder verworfen. Eine Initiative setzt sich jetzt dafür ein, manche Innenhöfe doch noch zu begrünen.

Olympia: der Barcelona-Effekt

Meerblick? Damit konnte man die feinen Bürger Barcelonas früher kaum locken. Am Wasser wohnte nur, wer sich nichts anderes leisten konnte. La Barceloneta (→ S. 114), das Strandviertel der Stadt, war lange eine Arme-Leute-Gegend. Erst für die Olympischen Spiele hübschte die Metropole ihre maritime

Blick vom Strand in Barceloneta: Das markante W Hotel prägt das Stadtbild.

Seite auf. Großzügige Promenaden entstanden am alten Hafen und am Strand von La Barceloneta. Direkt dahinter wurde ein brachliegendes Industriegebiet zur Vila Olímpica, einem komplett neuen Stadtteil. Und am benachbarten Port Olímpic, dem Olympischen Hafen, zeigt sich die Stadt heute so glamourös wie sonst nirgends. Olympia als Katalysator einer **nachhaltigen Stadtentwicklung:** Was in Barcelona gelungen ist, haben seitdem viele Metropolen versucht – meistens jedoch vergeblich.

Besser spät als nie: Platz für den Raval

Wo sich heute die breite Rambla del Raval (→ S. 69) durch Barcelonas früheres Problemviertel zieht, standen noch bis in die 1990er-Jahre dicht gedrängt heruntergekommene Wohnhäuser. Dann schlugen die Abrissbagger eine weite Schneise ins Viertel, und es entstand eine **breite Promenade** mit Palmen, Cafés und Skulpturen. Autos fahren hier kaum, die Fläche bleibt für Flaneure und Nachtschwärmer reserviert und lässt den Stadtteil große Weite atmen. Endlich! Die Idee für die Rambla del Raval geht schon auf den berühmten Cerdà-Plan zurück – und damit auf das Jahr 1859.

Mehr schöner Schein als altes Gemäuer

Viele Menschen wollen ja gerne jünger aussehen, als sie wirklich sind. Bei Städten ist es da scheinbar genau anders herum. Berlin zum Bespiel hat sich den Nachbau seines alten Hohenzollern-Stadtschlosses gegönnt, Frankfurt den seiner im Krieg zerstörten Altstadt – am Kaiserdom stehen jetzt neu gebaute Renaissance-Fachwerkhäuser.

Auch wenn beide Projekte umstritten waren: Immerhin hat es da früher tatsächlich mal so ausgesehen, die Fassaden der Gebäude wurden originalgetreu rekonstruiert. Ganz anders in Barcelona. Vieles, was hier wunderbar mittelalterlich wirkt, ist eine Erfindung der Neuzeit!

Rückblende zur vorletzten Jahrhundertwende. Der Architekt Joan Rubió i Bellver sieht sich die Gassen und Gebäude des **Barri Gòtic** (→ S. 54), also des gotisch-mittelalterlichen Viertels, mal genauer an. Seine Bestandsaufnahme:»Im Barri Gòtic gibt es nicht mehr als sechs Häuser, die man guten Gewissens als gotisch bezeichnen kann.«

So wie Rubió i Belver sehen das damals auch andere, und so wie er sehen auch sie dringenden Handlungsbedarf:»Die Straßen Montcada und Mercaders warten nur darauf, in die Straßen von Nürnberg, Brügge oder Florenz verwandelt zu werden!«, sagte der Modernisme-Architekt Josep Puig i Cadafalch in Anspielung auf Städte, deren mittelalterlicher Kern als besonders gut erhalten galt.

Gesagt, getan, der Zeitpunkt passte. Barcelona boomte gerade, es gab viel Geld für die Restauration der alten Gebäude – die damals noch vergleichsweise schlicht wirkten. Das größte betroffene Bauwerk: die **Kathedrale** (→ S. 59). Heute scheint es, als sei das Gotteshaus allein ein Werk mittelalterlicher Baumeister. Dabei wurde ihr 70 Meter hoher Hauptturm erst zwischen 1906 und 1913 gebaut. Nicht viel früher, zwischen 1887 und 1898, waren die prächtigen Ornamente

Die Seufzerbrücke verbindet den Palau de la Generalitat und die Casa dels Canonges.

der Hauptfassade entstanden – auf alten Fotos sieht die Kirche erschreckend kahl und schmucklos aus.

Was an der Kathedrale gut klappte, ging bei anderen Gebäuden noch leichter. Schlichte viereckige Türen und Fenster wurden mit geschwungenen Bögen gotisiert, etwa an den Stadtpalästen des heutigen **Museu Picasso** (→ S. 103). Manchmal gab man sich auch mehr Mühe: Joan Rubió i Bellver ergänzte bei manchen Restaurationsprojekten ganz nach Belieben viele gotisch wirkende Details.

Doch wozu das Ganze? Woher die große Gotik-Obsession? Einerseits ging es darum, den Glanz des Mittelalters im Stadtbild aufzupolieren. Das mittelalterliche Barcelona hatte über weite Teile des Mittelmeers geherrscht, als Hauptstadt eines eigenen Staats. Wenn viele Katalanen heute – wie schon zur vorletzten Jahrhundertwende – mehr Autonomie fordern, leitet sich das auch aus jener Epoche ab. Andererseits wollte man Barcelona wohl einfach touristisch besser vermarkten. So gesehen war die Sache ein voller Erfolg: Eines der beliebtesten touristischen Fotomotive, die venezianisch wirkende »Seufzerbrücke« (**Pont dels Sospirs,** → S. 61), geht auf keinen anderen als Joan Rubió i Bellver zurück – und ist ein Werk der 1920er-Jahre.

KULTUR

*Von andalusischen Zuwanderern und tanzenden Riesen,
Feuer speienden Drachen und der letzten großen Operndiva: Barcelonas Kulturszene ist äußerst lebendig.*

Von A(ndalusien) bis B(arcelona)

Nach 600 Jahren war Schluss: Am 25. September 2011 starb
der letzte Kampfstier in Barcelona. Das katalanische Parlament
hatte den Stierkampf verboten, so populär wie in anderen spanischen Regionen war er ohnehin nicht mehr gewesen. Zur
corrida, also der rituellen Stiertötung in der großen Arena La
Monumental, kamen weniger die einheimischen Katalanen,
mehr die Zuwanderer aus Andalusien. Andere andalusische
Kulturgüter sind in Barcelona nach wie vor lebendig: So bieten
manche Bars **Flamenco-Performances** (→ S. 38), und im
Frühjahr feiern bis zu drei Millionen Menschen das traditionelle **Volksfest** *feria de abril* (→ S. 40).

Flamenco meets Rock 'n' Roll

Mit dem *rumba catalana* hat Barcelona einen ganz eigenen
Musikstil: Geprägt haben ihn die Gitanos, spanische Roma.
Flamenco-Rhythmen mischten sie seit den 1950er-Jahren mit
afrokubanischem Rumba und afroamerikanischem Rock 'n'
Roll. Das Resultat war ein explosiver Stil, der in seiner Pop-Ver-
sion durch die Band **Gypsy Kings** weltbekannt wurde. Lebendig ist der *rumba catalana* bis heute, zu seinen Protagonisten
gehört etwa die Gruppe Sabor de Gràcia (wörtlich: Gràcias
Geschmack). In Gràcia fördert auch das Centre Artesà Tradicionàrius (→ S. 144) traditionell-folkloristische Musikstile.

Riesen, Drachen, Menschentürme

Bei der Festa de la Mercè (→ S. 209) und anderen traditionellen Festen zeigt sich das **folkloristische Gesicht** der sonst so
kosmopolitischen Metropole: Jetzt kommt die Zeit der *cas-*

Gegantes sind die Attraktion bei der Festa de la Mercè im September.

tellers, die zu menschlichen Türmen aufeinanderklettern. Die Zuschauer legen ihre Köpfe in den Nacken, halten den Atem an – und feiern frenetisch jeden Fortschritt der bis zu neun Stockwerke hohen Konstruktionen. Nicht weniger archaisch wirken die *gegantes,* jene Riesenfiguren, die auf den Straßen wilde Pirouetten drehen. Auch die *correfocs,* die Feuer speienden Drachenfiguren, sorgen für Spektakel: Wer ihnen zu nahe kommt, versengt sich Haare und Kleidung.

»La Superba«: Montserrat Caballé

Wer ist Barcelonas berühmtester Sohn? Keine Frage: natürlich Antoni Gaudí. Und die berühmteste Tochter der Stadt? Montserrat Caballé! 1933 geboren, begeisterte sie sich schon als Kind für die Opern am Liceu (→ S. 70), Barcelonas berühmtem Opernhaus. Sie studierte Gesang am Conservatori del Liceu, hatte erste Engagements in Basel, Bremen und Lissabon. 1965 dann der große **Durchbruch:** 25 Minuten Standing Ovations bei einem Auftritt in New York. »Barcelona«, die im Duett mit Freddy Mercury von Queen gesungene Ode an ihre Geburtsstadt, machte sie auch weit über die Opernwelt hinaus bekannt. Nach 4000 Auftritten, viele davon am Liceu, starb »La Superba«, die vielleicht letzte große Operndiva, 2018 im Alter von 85 Jahren.

Carlos Ruiz Zafón hat seiner Heimatstadt literarische Denkmäler gesetzt.

BARCELONA LITERARISCH

Die Stadt der Wunder – und Bücher

Der große Dichter ist wohlbeleibt, trägt dicke Brille, Ziegenbart, sonst wenig Haar: Mit ihm fing alles an, im ganz frühen
21. Jahrhundert. Genau genommen stimmt das natürlich
nicht, auch 1605 war hier schon schwer was los. Aber das ist
lange her, und bevor wir so weit zurückreisen in der Zeit, wollen wir doch erstmal bei dem Herrn mit dem Ziegenbart und
der Brille bleiben: Gestatten, **Carlos Ruiz Zafón.** Der Mann,
der die Stadt zum Star machte, zur literarischen Hauptfigur,
zur Protagonistin einer nicht mehr abreißenden Reihe von
Barcelona-Bestsellern.

2001 erschien sein weltberühmter Roman »Der Schatten
des Windes« (→ S. 208): In einem verstaubten Antiquariat findet sein jugendlicher Held ein geheimnisvolles Buch, das ihn
bald durch die verregneten Gassen der Altstadt treibt – auf der
Suche nach einem hübschen Mädchen, einer verborgenen
Schattenwelt, den Geistern der Geschichte und der Grenze

zwischen Realität und Fiktion. 4000 Exemplare druckte der Verlag in einer ersten Auflage, ein bescheidener Anfang.

Mittlerweile hat sich das Buch 20 Millionen Mal verkauft, Barcelona wieder auf die literarische Weltkarte gesetzt – und viele Autoren inspiriert. Vor allen anderen erstmal Zafón selbst, der mit Fortsetzungen (»Das Spiel des Engels,« »Der Gefangene des Himmels«, »Das Labyrinth der Lichter«) an die Motive seines ersten Wunderwerks anknüpfte. (Der Suhrkamp Verlag hat inzwischen sogar einen literarischen Barcelona-Reiseführer nach Zafón-Motiven herausgebracht.) Dann natürlich **Ildefonso Falcones,** dessen historischer Bestseller »Die Kathedrale des Meeres« (→ S. 208) sogar als Serie verfilmt wurde. Einen weiteren historischen Roman, genannt »Der Untergang Barcelonas«, schrieb Bestseller-Autor **Albert Sánchez Piñol,** eine ganze Barcelona-Krimi-Trilogie lieferte die Autorin **Rosa Ribas** an. Auch deren Plot entfaltet sich in längst vergangenen Zeiten, im Barcelona der Franco-Diktatur.

Überhaupt: die Franco-Zeit (1939-75), der Spanische Bürgerkrieg (1936–39), der große Boom der Moderne (spätes 19./ frühes 20. Jahrhundert), die bourbonische Belagerung der Stadt (1713–14), davor natürlich das Mittelalter, das in Barcelona gar nicht finster war, sondern eine Epoche großer Blüte … Die Stadtgeschichte bietet so viele Dramen, die sich literarisch aufarbeiten lassen.

Vielleicht liegt hier ein Grund für die großen literarischen Erfolge, die die Metropole zuletzt feiern konnte. Wundern sollte das alles sowieso keinen: Denn natürlich gab es schon vor Carlos Ruiz Zafón große Barcelona-Bücher, etwa von **Eduardo Mendoza** (→ S. 208) oder **George Orwell.** Und schließlich sang schon der erste moderne Roman der Literaturgeschichte ein Loblied auf die Stadt. Barcelona sei ein »Sammelplatz der Artigkeit, das Vaterland der Tapferen, der edle Wohnsitz der treuen Freundschaft«, schwärmt **Don Quixote,** der Ritter von der traurigen Gestalt aus dem gleichnamigen, 1605 erschienenen Roman von **Miguel Cervantes.** Mehr noch: Es handele sich hier um nichts weniger als »die Stadt, die in Ansehung ihrer Lage und Schönheit die einzige ist«.

MUSEEN

*Viel Geschichte, viel Kunst, dazu Natur und Technik: Barce-
lonas hochkarätige Museen decken ein breites Themenspekt-
rum ab, und viele Sammlungen sind spannend aufbereitet.*

Kunst und Design

In der Kunstmetropole Barcelona können Liebhaber klassischer und moderner Kunst gleich eine Reihe großartiger Museen besuchen, die wichtigsten Werke werden im **Museu Picasso** (→ S. 103) und im **Museu Nacional d'Art de Catalunya**
(→ S. 135) gehütet. Ersteres ist dem Frühwerk Pablo Picassos
gewidmet, der als junger Mann in Barcelona gelebt hat. Die
riesige Sammlung des Katalanischen Nationalmuseums wiederum reicht von Gotik bis Avantgarde und zeigt Werke von El
Greco, Goya, Rubens, Velazquez und Zurbaran.

Sehr sehenswert sind darüber hinaus zwei den berühmten
Söhnen der Stadt gewidmete Museen: die **Fundació Antoni
Tàpies** (→ S. 169) und die **Fundació Joan Miró** (→ S. 130).

Liebhaber der modernen Kunst kommen auch im **Museu
Europeu d'Art Modern** (→ S. 104), wo moderne, aber figürliche Skulpturen und Gemälde gezeigt werden, und im **Museu
d'Art Contemporani de Barcelona** (→ S. 78) auf ihre Kosten.
Wie sich der katalanische Jugendstil auf Disziplinen jenseits
der Architektur ausgewirkt hat, veranschaulicht das **Museu del
Modernisme Català** (→ S. 167). Darüber hinaus lohnen das
Can Framis Museum (→ S. 186), das **Centre de Cultura Contemporània de Barcelona** (→ S. 78), die **Fundació Foto Colectania** (→ S. 101) und das **Museu del Disseny** (→ S. 186) einen Besuch.

Geschichte

Auch Geschichtsinteressierte finden verschiedene ausgezeichnete Häuser vor. Im **Museu d'Història de Barcelona** (→ S. 56)
geht es durch die Jahrtausende der Stadtgeschichte seit der Rö-

Die Fundació Joan Miró besitzt die größte Sammlung von Werken Mirós.

merzeit. Spannende Einblicke in die Geschichte Kataloniens gewährt das **Museu d'Història de Catalunya** (→ S. 121). Es liefert auch Hintergründe zum besseren Verständnis der aktuellen politischen Konflikte. Archäologische Funde aus der Zeit der Iberer, Karthager, Griechen, Römer und Goten lassen sich wiederum im **Museu d'Arqueologia de Catalunya** (→ S. 136) bewundern. Darüber hinaus interessant: das **Museu Maritim** (→ S. 119), das **Centro de Interpretación del Call** (→ S. 62) und das **Refugi 307** (→ S. 130).

Alltagskultur
Einblicke in die Welt des Fußballs liefert das **Camp Nou Experence** (→ S. 154), das interaktive Museum des FC Barcelona im Fußballstadion. In die Geschichte und Kunst der Schokolade führt das **Museu de la Xocolata** (→ S. 101). Hier gibt es auch essbare Nachbildungen von Fußballstars, Comicfiguren und Gaudí-Werken.

Natur und Technik
Ein spektakuläres Wissenschaftsmuseum ist das **CosmoCaixa Barcelona** (→ S. 159) mit echtem Regenwald, einer tonnenschweren Felswand und Planetarium. In einem spektakulären Gebäude von Jacques Herzog und Pierre de Meuron ist das naturwissenschaftliche **Museu Blau** (→ S. 188) untergebracht.

ABENDGESTALTUNG

Legendäre Live-Clubs, großartige Lichtspielhäuser, ein ehrwürdiges Musikzentrum, bedeutende Bühnen: Am Abend hat Barcelona beste Unterhaltung zu bieten.

CLUBS

Wohnzimmeratmosphäre
Harlem Jazz Club   E7
Legendärer Club mit familiärem Ambiente. Gebucht werden **exzellente Musiker** aus Spanien und dem Rest der Welt. Neben Jazz stehen immer wieder Ausflüge in andere Stile wie Blues, Funk, Flamenco oder Tango auf dem Programm.
Barri Gòtic | C. de Comtessa de Sobradiel 8 | Metro: Liceu, Jaume I | Tel. 9 33 10 07 55 | www.harlemjazzclub.es

Klein aber großartig
Jamboree   D7
Einer der bekanntesten Jazzclubs in ganz Spanien. Legendäre Musiker wie etwa Chet Baker, Ella Fitzgerald und Lionel Hampton waren hier schon zu Gast. Der Fokus liegt immer noch beim **Jazz,** inzwischen gibt es aber auch Exkursionen in andere Genres.
Barri Gòtic | Pl. Reial 17 | Metro: Drassanes, Liceu | Tel. 9 33 04 12 10 | www.jamboreejazz.com

Authentisch
JazzSí (Club Taller de Músics)   D6
Ein kleiner, feiner Musikclub. Gespielt wird hier Jazz und Flamenco, Blues, Rock und Pop. Immer dienstags und sonntags stehen auch **Jamsessions** mit Beteiligung des Publikums auf dem Programm.
El Raval | C. de Requesens 2 | Metro: Sant Antoni | Tel. 9 33 29 56 67 | www.tallerdemusics.com/jazzsi-club

KINOS

Ein Traum für Cineasten
Cine Verdi/Verdi Park E4
Die beiden Programmkinos gelten als wichtiges Zentrum der katalanischen Filmszene, zu Premieren und Debatten kommen schon mal weltbekannte Regisseure. Viele Filme werden in **Originalsprache** gezeigt.
Gràcia | C. de Verdi 32 (Verdi), C. de Torrijos 49 (Verdi Park) | Metro: Fontana | Tel. 9 32 38 79 90 | www.cines-verdi.com

KLASSIK

Zentrum der Musikszene
L' Auditori G6
Der große Musikkomplex ist Sitz des **Sinfonieorchesters** von Barcelona und Katalonien (OCB) und der **Banda Municipal de Barcelona** – die vor allem aus Bläsern und Perkussionisten bestehende Gruppe gilt als echte Institution im städtischen Kulturleben. Regelmäßig stehen traditionelle *coblas* auf der Bühne (zu ihren Aufgaben gehört es, den Volkstanz Sardana zu begleiten), außerdem Gospelchöre, Singer-Songwriter sowie Flamenco-, Jazz- und Rumba-Performer.
Eixample | C. de Lepant 150 | Metro: Glòries, Marina, Monumental | Tel. 9 32 47 93 00 | www.auditori.cat

SCHAUSPIEL

In ganz Katalonien angesehen
Teatre Lliure E4
Das vielleicht wichtigste Schauspielhaus der Stadt bringt neben **Sprechtheater** auch **Musik- und Tanzveranstaltungen** auf die beiden Bühnen in Gràcia und am Montjuïc.
Gràcia | C. del Montseny 47 (Montjuïc: Pg. de Santa Madrona 40–46) | Metro: Fontana | Tel. 9 32 38 76 25 | www.teatrelliure.com

FESTKALENDER

Januar
Calvacada dels Reis Mags
(Dreikönigstag)
Barcelona begeht den Dreikö-
nigstag mit einer aufwendi-
gen Prozession, einzelne
Viertel feiern auch mit klei-
neren Umzügen.

5. Januar

Februar
La Laia
(Festa de Sta. Eulàlia)
Winterliches Stadtfest zu
Ehren von Sta. Eulàlia, der
städtischen Schutzheiligen.
Spektakuläre folkloristische
Höhepunkte sind die Men-
schentürme *(castells)* und der
Feuerlauf *(correfoc)*.

Mitte Februar

Carnaval (Karneval)
Feste, Feuerwerke, Masken-
bälle und eine große Prozession auf der Gran Rua.

Februar/März

März
Setmana Santa
(Karwoche)
Auch zu Ostern ziehen große
Prozessionen durch die Stadt.

Osterwoche

April
Diada de St. Jordi, Dia del
Llíbre
Der Tag des katalanischen
Schutzheiligen (St. Jordi)
wird weltweit auch als Tag des
Buchs zelebriert. Barcelone-
sen beschenken sich deshalb
gern gegenseitig mit Büchern,
die Männer überreichen ih-
ren Liebsten dazu eine rote
Rose.

23. April

Feria de Abril
Auch in Barcelona feiern andalusische Einwanderer ihr
traditionelles April-Volksfest.

Ende April bis Anfang Mai

Juni
Sónar
Großes Festival für elektroni-
sche Musik, Multimediakunst
und Sound-Art; bis zu 80 000
Besucher.

Juni | www.sonar.es

Revetlles de St. Joan
(Johannisnacht)
Mit lauten Feuerwerken feiert
man durch eine der kürzesten
Nächte des Jahres – zur leicht
verspäteten Sonnenwendfeier

scheint die ganze Stadt auf den Beinen zu sein.
23./24. Juni

Juli
Festival Grec de Barcelona
Ein mehrwöchiges Theater-, Tanz- und Musikfestival mit vielen Veranstaltungen. Klassische sowie experimentelle Inszenierungen.
Ende Juni bis Ende Juli | www.barcelona.cat/grec

August
Festa Major de Gràcia
Das große Stadtteilfest des einst unabhängigen Gràcia. Große, bunte Figuren schmücken die Straßen, katalanische Folklore gehört genauso zur Party wie Pop, Rock und Jazz.
Mitte August | www.festamajorde gracia.cat

September
Festa Nacional de Catalunya
Der katalanische Nationalfeiertag mit politischen Großkundgebungen.
11. September

La Mercè
Das wichtigste Fest der ganzen Stadt, mehrere Tage lang herrscht absoluter Ausnahmezustand! Die größten Plätze werden zur Bühne für Folklore und Indie-Bands.
um den 24. September | www.barcelona.cat/lamerce, www.barcelona.cat/bam

Dezember
Fira de Sta. Llúcia
Weihnachtsmarkt vor der Kathedrale; auch der Markt vor der Sagrada Família ist einen Besuch wert.
Dezember | www.firadesantallucia.cat

Nadal (Weihnachten)
Auch in Barcelona begeht man das Weihnachtsfest eher im engeren Familienkreis. Am 25. Dezember stürzen sich die unerschrockenen Teilnehmer des traditionellen Weihnachts-Schwimmwettbewerbs dann in die kalten Fluten des Port Vell.
24./25. Dezember

Nit de cap d'any (Silvester)
Feuerwerk? Fehlanzeige. Gefeiert wird erst zu Hause oder im Restaurant, ab Mitternacht und bis in den frühen Morgen dann in Bars, Clubs oder Kneipen.
31. Dezember

KUNST, CAVA & CO.

Kleine Krippenfiguren und große Kunst, edle Schaumweine und schicke Pralinés: für diese Kreationen ist Barcelona bekannt. Anregungen für ausgefallene Mitbringsel.

Kunst kaufen

Bildhauer, Maler, Fotografen: Barcelonas kreatives Klima inspiriert Künstler aller Disziplinen. Verkauft werden ihre Werke von den **Galerien** in den Nebenstraßen des noblen Pg. de Gràcia. Vor allem am C. del Consell de Cent haben sich einige Ausstellungshäuser niedergelassen. Manche sind auf junge katalanische Kunst spezialisiert. Andere, etwa die berühmte Galerie Mayoral (→ S. 183), bieten auch Werke von Pablo Picasso, Joan Miró und Antoni Tàpies.

Cava statt Champagner!

Cava, der katalanische Edelschaumwein, wird in Barcelona mindestens genauso geschätzt wie sein französischer Cousin, der Champagner. Beide stellt man nach der gleichen Methode her, sie gären also beim zweiten Mal in der Flasche. Wie die Champagner-Winzer dürfen auch die rund 270 Cava-Produzenten nur bestimmte Rebsorten (vor allem die Sorten Parellada, Xarel·lo und Macabeo) aus bestimmten Anbaugebieten verwenden. Die wichtigste Cava-Region: das bei Barcelona gelegene **Penedès**, wo sich viele Winzer gerne in die Keller gucken lassen (→ S. 200). Wer Cava kosten und kaufen möchte, kann aber auch einfach in der Stadt bleiben – und hier eine der vielen Cava-Bars besuchen.

Lass die Hose runter: der Caganer

Wer hockt da mit heruntergelassener Hose und verrichtet sein Geschäft? Caganer (»Scheißerchen«) heißt diese traditionelle Respektlosigkeit, die neben Maria, Josef, Jesuskind und den Hirten in kaum einer katalanischen Weihnachtskrippe fehlt.

Cocktails auf der Grundlage von Cava sind beliebt in den Bars der Stadt.

Entstanden ist der Caganer wohl schon vor 200 Jahren, seine klassische Variante trägt noch heute rote Kappe, weißes Hemd, schwarze Hose – die typische **katalanische Bauerntracht.** Mittlerweile gibt es aber auch jedes Jahr neue Promi-Versionen mit den Gesichtern bekannter Politiker oder Fußballstars. Beste Orte für den Caganer-Kauf: die Weihnachtsmärkte vor der Kathedrale und der Sagrada Família (→ S. 41).

Barcelonas süße Seite

Für Naschkatzen ist Barcelona ein echtes El Dorado: Regionaltypische Süßwaren, beispielsweise die Nougatvariante **Turrón/ Torró,** kann man in vielen Delikatessengeschäften oder Lebensmittelmärkten kaufen. Kleine Berühmtheiten sind aber vor allem die Chocolatiers und Pâtissiers der Stadt. Manche (etwa die Pâtisserien Foix, → S. 161, und Escribà, → S. 72) geben sich noch immer herrlich altmodisch, andere (etwa die Pâtisseria Bubó, → S. 113) eher schon als schicke Trendsetter, deren Pralinés wie exklusive Designerstücke aussehen. Eine bodenständigere Alternative zu solchen Kreationen: *churros con chocolate.* Die frittierten **Spritzgebäckteilchen** werden vor dem Verzehr in dickflüssige heiße Schokolade getunkt – und gelten als beliebtes (Kater-)Frühstück.

KULINARIK

*Ob süß und fettig oder subtil und experimentell, ob traditionell und katalanisch oder international und molekular –
Barcelonas Köche lassen keinen Wunsch unerfüllt.*

Kulinarische Zeitreisen
Nord- und Mitteleuropäer, die wie die Einheimischen essen
wollen, müssen erstmal ihre innere Uhr umstellen. Für einen
gastronomischen Jetlag ist jedenfalls gesorgt: Zu **Mittag** wird
in Barcelona oft erst ab 13.30 oder 14 Uhr gegessen, zum
Abendessen trifft man sich nicht vor 20.30, 21 Uhr. In vielen
Restaurants bleibt die Küche dann bis kurz vor Mitternacht geöffnet. Flexiblere Öffnungszeiten für den frühen Hunger haben vor allem touristisch geprägte Lokale. Authentische Alternative: **Tapas-Bars,** die tagsüber meist durchgehend geöffnet
sind. Auch Barcelonas kulinarischer Kalender hat übrigens
seine Eigenheiten: Viele der besseren Restaurants bleiben im
August geschlossen, Gleiches gilt teilweise für mehrere Wochen im Januar und die Karwoche.

Viva la revolución!
Geografisch oder kulturell ist es in Katalonien nie weit bis
nach Frankreich, und auch kulinarisch spürt man die Nähe
zum großen Nachbarn im Norden. Dabei haben sich die katalanischen Köche zuletzt avantgardistischer, kreativer, experi-
mentierfreudiger gegeben als ihre berühmten französischen
Kollegen. Mittlerweile sagen immer mehr Feinschmecker:
Die Katalanen sind sogar besser! **Ferran Adrià,** der Lenin der
katalanischen Küchenrevolution, ist zwar von der ganz großen Gastro-Bühne abgetreten, seine einst so spektakuläre
Molekularküche etwas aus der Mode gekommen. Doch viele
der Köche, die früher unter ihm gearbeitet haben, führen inzwischen eigene Restaurants in Barcelona – und erweisen sich
als würdige Erben.

Cooles Design, angesagtes Lokal: das Tickets Restaurant im Viertel Sant Antoni.

Patatas bravas und Pa amb tomàquet

Avantgardistisch? Ja, aber nicht nur. Spanisch-katalanische Küche kann auch wunderbar **bodenständig** sein. Der wohl bekannteste Snack aus Katalonien: *Pa amb tomàquet,* Brot mit Tomate. Weißbrot rösten, erst mit frischem Knoblauch und dann mit aromatischen Tomatenhälften abreiben. Dazu ein paar Tropfen bestes Olivenöl und Salz – fertig! Zweiter katalanischer Kult-Snack: *patatas bravas,* »wilde Kartoffeln«. Die frittierten Kartoffelecken mit scharfer roter Sauce kennt man aus ganz Spanien. Katalanische Tapas-Bars servieren als zweite Sauce zusätzlich noch Aioli, also scharfe Knoblauchcreme.

Tapas-Kultur

Viele spanische Regionen haben ihre eigenen Tapas-Kulturen entwickelt, in Barcelona kennt man sie alle. Besonders beliebt: *pintxos,* die **baskische Tapas-Variante.** Dabei werden kleine Köstlichkeiten (etwa Gemüsestücke, Schinken, Käse oder Krustentiere) mit einer Scheibe Weißbrot auf Holzstäbchen gespießt, dann in größerer Zahl an der Theke arrangiert. Der Gast lässt sich nur noch einen Teller geben, greift dann selbst zu. Den fälligen Rechnungsbetrag ermittelt der Kellner später anhand der gesammelten Spieße.

Im Bauch von Barcelona: Märkte auf der Überholspur

Man stelle sich vor, in Hamburg, Berlin oder München sperrten sie eine Straße. Nicht irgendeine, sondern eine ganz schön große, vierspurige. Auch nicht nur für ein paar Stunden, etwa wegen einer Parade, sondern gleich für ein paar Jahre, weil auf der Fahrbahn künftig ein Lebensmittelmarkt abgehalten werden soll. Kaum denkbar? In Hamburg, Berlin oder München sicher nicht – wohl aber in Barcelona.

Als zwischen 2009 und 2018 der **Mercat de Sant Antoni** (→ S. 182), Barcelonas größte Markthalle, restauriert und modernisiert wurde, verlegte man den Markt selbst kurzerhand auf die benachbarte Ronda de Sant Antoni. Dass die Leute aus der Nachbarschaft weiter beim Händler ihres Vertrauens einkaufen konnten, war einfach wichtiger als die 16 000 Autos, die man nun pro Tag auf ihrem Weg zwischen Zentrum und Hafen umleitete. Erst als der wunderschöne Bau mit seinen kühn geschwungenen Fenster- und Türbögen wiedereröffnete, durften die Autos auf den Asphalt zurückkehren.

Vielleicht verdeutlich diese Episode, wie wichtig die Stadt ihre Märkte nimmt: Rund 40 Markthallen versorgen ihre jeweiligen Viertel mit frischem Obst und Gemüse, Fleisch und Fisch, oft in bester Qualität und das bei einer opulenten Auswahl. Fast in jedem Viertel steht ein solcher Palast des guten Geschmacks, die Wege sind also kurz, die Öffnungszeiten dafür lang. Man kennt die Verkäufer (die ihre Stände meist schon von den Eltern und Großeltern übernommen haben), trifft die Nachbarn, tauscht bei *cafecito* (Espresso) oder *cava* (Schaumwein) den neuesten Klatsch aus. Essen hat in Barcelona eben auch eine starke soziale Komponente, und das beginnt bereits beim Einkauf.

Die größeren Märkte sind sogar echte Sehenswürdigkeiten, schon wegen ihrer Architektur: Viele Hallen gehen auf bedeutende Modernisme-Baumeister zurück. Noch bekannter als

Das Hallendach des Mercat de Santa Caterina ist ein echter Hingucker.

der 1881 gebaute Mercat de Sant Antoni ist natürlich der direkt an den Rambles gelegene **Mercat de San Josep de la Boquería** (→ S. 71) – am frühen Morgen kaufen hier, im »Bauch von Barcelona«, sogar Köche aus den besten Restaurants der Stadt ein. Um die alten Hallen fit für die Zukunft zu machen, wurden und werden die Märkte jetzt modernisiert. Dabei erhielt die älteste Halle der Stadt, der im Jahr 1845 erbaute **Mercat de Santa Caterina** in El Born, ein neues, geschwungenes kunterbuntes Dach, das an einen Drachenrücken erinnern soll. Der eingangs erwähnte Mercat de Sant Antoni wurde um zusätzliche Untergeschosse und Tiefgaragen ergänzt, sogar ein Discounter ist jetzt eingezogen.

Das klingt vielleicht paradox, ist aber nur konsequent weiter gedacht. Wer in der traditionellen Markthalle wirklich alles erhält, was er irgendwie benötigt, muss dann nirgendwo sonst mehr einkaufen. So wird der gute, alte Markt im Viertel wieder konkurrenzfähig – und ein Gegenentwurf zur gesichtslosen Shopping Mall vor der Stadt.

KULINARISCHES LEXIKON

aceite: Öl
aceitunas: Oliven
agua: Wasser
– con gas: mit Kohlensäure
ajo: Knoblauch
a la parilla: vom Holzkohle-grill
a la plancha: vom heißen Blech
albóndigas: Fleischbällchen
alcachofas: Artischocken
al horno: aus dem Ofen
almejas: Herzmuscheln
anchoas: Anchovis, Sardellen
arroz: Reis
atún: Thunfisch
azúcar: Zucker

bacalao: Stockfisch, Klipp-fisch
bebida: Getränk
bistec: Beefsteak
botella: Flasche

café con leche: Kaffee mit Milch
– cortado: Espresso mit we-nig Milch
– solo: Espresso
caldo: Suppe/Brühe
canela: Zimt
caracoles: Schnecken

carne: Fleisch
cava: Sekt
cebollas: Zwiebeln
cerdo: Schweinefleisch
cerveza: Bier
chorizo: pikante Wurst
conejo: Kaninchen
cordero: Lamm
crema catalana: Vanille-creme mit karamellisierter Kruste
crudo: roh

dorada: Goldbrasse
dulces: Süßigkeiten

embutido: Wurst
ensalada: Salat
escalopa: Schnitzel
espinaca: Spinat

fino (de Jerez): Sherry
flan: Karamellcreme
frito: gebraten, gebacken
frutas: Obst

gambas: Garnelen
garbanzos: Kichererbsen

helado: Speiseeis
hielo: Eis
huevo: Ei

jamón: gekochter Schinken
– ibérico: luftgetrockneter Schinken vom iberischen Schwein
– serrano: luftgetrockneter Schinken
judías: Bohnen
jugo: Saft

leche: Milch
lechuga: grüner Salat
limón: Zitrone

mantequilla: Butter
manzana: Apfel
mariscos: Meeresfrüchte
mejillones: Miesmuscheln
melón: Honigmelone
merluza: Seehecht
miel: Honig
mostaza: Senf

naranja: Apfelsine
nueces: Nüsse

pan: Brot
– con tomate: Tomatenbrot
pasteles: Kuchen
patatas: Kartoffeln
– bravas: gebratene Kartoffelecken in scharfer Sauce
– cocidas: Salzkartoffeln
– fritas: Pommes frites
pato: Ente
pescado: Fisch
pimienta: Pfeffer
pimiento: Paprikaschote

pintxos: baskische Tapas-Variante, kleine Köstlichkeiten am Spieß
plátano: Banane
pollo: Hähnchen, Huhn
pulpo: Tintenfisch

queso: Käse
– de cabra: Ziegenkäse
– de oveja: Schafskäse

ración: Portion

sal: Salz
salchichas: Würstchen
salsa: Sauce
sandía: Wassermelone
solomillo: Filetsteak
sopa: Suppe

tarta: Torte
tapas: kleine Köstlichkeiten
tortilla francesa: Omelett
– española: Kartoffelomelett

vaso: Glas
verduras: Gemüse
vino: Wein
– blanco: Weißwein
– dulce: süßer Wein
– rosado: Roséwein
– seco: trockener Wein
– tinto: Rotwein

zumo (de frutas): Fruchtsaft
– de manzana: Apfelsaft
– de naranja: Orangensaft

Fleischfrei schlemmen: Barcelonas alternative Gastro-Szene

Mar i muntanya, Meer und Berge: Der Begriff bringt nicht nur Barcelonas spannungsvolle Topografie auf den Punkt. Er ist auch Name eines klassischen katalanischen Gerichts, bei dem Meerestiere *(mar)* zusammen mit Geflügel, Schweinefleisch oder Wild *(muntanya)* gekocht werden. Und damit wären dann gleich die wichtigsten Zutaten der traditionellen spanisch-katalanischen Küche genannt. Ohne Fleisch, Fisch und Meeresfrüchte geht hier fast gar nichts! Gern gegessen werden daneben natürlich noch Käse und Eier, Letztere vor allem im typischen spanischen Omelett, der *tortilla española.*

Doch was ist mit der zunehmenden Zahl von Leuten, die lieber wenig oder gar kein Fleisch essen, die sich flexitarisch, vegetarisch oder vegan ernähren? Tja ... Auf dem Land hat man es da in Spanien bis heute nicht leicht, in Barcelona gibt es immerhin eine traditionelle Tapas-Kultur mit einigen guten Optionen ohne Fleisch, Fisch und Käse. Mittlerweile ist hier aber auch eine echte vegetarisch-vegane Szene entstanden. Kredenzt werden viele asiatisch inspirierte Speisen, etwa im **Green Spot** (Thai-Küche, www.encompaniadelobos.com/the-green-spot). Vegane Burger oder Pizza, etwa bei **Dolce Pizza** (www.dolcepizzaylosveganos.com), hat Barcelona jetzt ebenfalls zu bieten, genauso wie Restaurants für Trends wie Makrobiotik **(Macrobiòtic Zen,** www.facebook.com/macrobiotic zen) oder **Rawfood** (Petit Brot, www.petitbrot.com).

Barcelona schließt also zu den großen vegetarisch-veganen Metropolen – Berlin, New York oder San Francisco – auf. Und setzt daneben eigene Akzente: vor allem mit Restaurants, die klassische katalanisch-mediterrane Küche kredenzen, traditionelle Gerichte dann aber vegetarisch-vegan interpretieren, entweder wunderbar bodenständig oder auf Gourmet-Niveau. Eine rein vegetarische Tapas-Bar mit guten veganen Optionen ist das **Rasoterra** (www.rasoterra.cat), das sich der Slow-

Angesagt bei Vegetariern, Veganern, Pescetariern, Flexetariern: das Flax & Kale im Stadtteil El Raval. Neben der Speisekarte ist auch die Einrichtung einladend.

food-Philosophie verschrieben hat. Das stylishe **Flax & Kale** (→ S. 87) bietet neben einer Speisekarte für Veganer auch jeweils eine für Rawfood-Fans (um möglichst viele Nährstoffe zu erhalten, wird hier keine Speise über 48 Grad Celsius erhitzt), Pescetarier (also Fischesser) und Menschen, die kein Gluten vertragen. Und das schicke **Roots & Rolls** (→ S. 182) ist Barcelonas erste Adresse für vegane Feinschmecker.

Vegetarisch-vegane Tapas und Paella gibt es hier inzwischen also genau wie fleischfreie Butifarra- oder Chorizo-Würste. Fehlen dann nur noch die passenden Desserts? Von wegen! Auch auf klassische katalanisch-mediterrane Süßspeisen muss in Barcelona niemand mehr verzichten. Spezialisierte Pâtisserien, etwa das **La Besnéta** (→ S. 149), liefern Köstlichkeiten wie *crema catalana, chocolate con churros, dulce de leche,* Tiramisu oder Croissants – garantiert ohne Butter, Sahne oder Eier und dabei so lecker wie seit eh und je.

Ein Detail der Sagrada Familia. Noch bis ins Jahr 2026 wird gebaut, dann soll die Basilika fertig sein – 144 Jahre nach der Grundsteinlegung.

HINEIN IN DIE STADT

BARRI GÒTIC

Die gotische Altstadt ist Barcelonas historische Wiege. Dicht an dicht stehen hier mittelalterliche Kirchen und Stadtpaläste. Enge Gassen prägen den Stadtteil genauso wie weite Plätze – und die wuselige Rambla, Barcelonas berühmte Flaniermeile

Hier schlägt das historische Herz von Barcelona: Viele Sehenswürdigkeiten des Barri Gòtic gehen bis auf das späte Mittelalter zurück – etwa der königliche **Palastkomplex**, die riesige **Kathedrale**, die **Residenz** des Erzdiakons oder die Kirche **Santa Maria del Pi.** So erklärt sich auch der Name des Viertels: Errichtet wurden diese und zahllose weitere Bauten im gotischen Stil – in jener Epoche, die für Barcelona eine große Blütezeit bedeutete. Damals war die Metropole das Zentrum des aragonesisch-katalanischen Königreichs. Dessen Könige herrschten über weite Teile des westlichen Mittelmeers, teilweise erstreckte sich ihr Einfluss sogar bis nach Italien und Griechenland. Zu Hause stellten sie ihren Reichtum und Machtanspruch dann in einer ganzen Reihe von Pracht- und Prestigebauten dar.

Die Sonne geht über dem Barri Gòtic unter und taucht die Altstadt in ein dramatisches Licht.

Vor allem das Barri Gòtic war Schauplatz dieses mittelalterlichen Baubooms, den aber auch deutlich ältere Gebäude(-reste) überlebten: Beispielsweise drei eindrucksvolle, einst zum **Tempel des Augustus** gehörende Säulen im Rücken der Kathedrale. Gegründet wurde Barcelona nämlich bereits vor mehr als 2000 Jahren von den Römern – und zwar ebenfalls auf dem Gebiet des Barri Gòtic. Wo sich an der wunderschönen **Pl. de Sant Jaume** heute Rathaus und Regierungspalast gegenüberstehen, lag mit dem Forum schon das politisch-religiöse Zentrum der römischen Siedlung **Barcino.**

Zugegeben, vor allem im Sommer wirkt das Viertel manchmal fast wie ein Freilichtmuseum. Doch oft genügt es, einfach nur um die nächste Ecke zu biegen. Auf einmal zeigt das Barri Gòtic dann wieder sein alltägliches, authentisches, vielleicht sogar noch etwas nostalgisches Gesicht – kleine Plätze und urige Geschäfte, an denen die Jahre spurlos vorübergegangen zu sein scheinen. Und nachts, wenn die Läden geschlossen und die Menschenmassen verschwunden sind, wirkt das Barri Gòtic dann fast verlassen – und wieder sehr, sehr mittelalterlich.

An den **Rambles** verläuft die Grenze zwischen Barri Gòtic und Raval. Alles, was auf der südwestlichen Seite dieser Flaniermeile liegt, gehört genau genommen schon zum Raval. Der besseren Übersicht halber werden sämtliche Sehenswürdigkeiten der Rambles aber hier, im Barri Gòtic, gelistet.

Catedral de Santa Creu i Santa Eulàlia
→ S. 59

Sehenswertes

① MUSEU D'HISTÒRIA DE BARCELONA (MUHBA) E7

Barcino hieß die kleine Siedlung, die, vor zwei Jahrtausenden von Römern gegründet, zur Keimzelle der Millionenmetropole Barcelona werden sollte. Zu einer Zeitreise ins antike Barcino lädt heute das Museu d'Història de Barcelona (MUHBA, Museum für die Geschichte Barcelonas) ein. Mit dem Aufzug fährt man hinab in eine weitläufige, direkt unter der zentralen Pl. del Rei gelegenen **Ausgrabungsstätte,** statt Stockwerken zählt das Display dabei die Jahre, Jahrzehnte und Jahrhunderte herunter! Erst im Jahr 12 v. Chr. – und damit in den Ruinen von Barcino – öffnet sich die Tür wieder. Das Areal der Ausgrabungsstätte erstreckt sich über eine Fläche von rund 4000 m². Metallene Stege führen durch die uralte Stadt, am Wegesrand stehen Reste verschiedener Gebäude, beispielsweise einer Wäscherei aus dem 2. Jh. n. Chr. sowie einer Winzerei und eines Fisch verarbeitenden Betriebs aus dem 3. Jh.

SEHENSWERTES

① Museu d'Història de Barcelona (MUHBA)
② Plaça del Rei
③ Catedral de Santa Creu i Santa Eulàlia
④ Casa de l'Ardiaca
⑤ Pont dels Sospirs
⑥ El Call/Centro de Interpretación del Call
⑦ Temple d'August 👁
⑧ Palau de la Generalitat
⑨ Plaça de Sant Jaume
⑩ Casa de la Ciutat
⑪ Monument a Colom
⑫ Les Rambles (Las Ramblas, La Rambla) ⭐
⑬ Plaça Reial
⑭ Gran Teatre del Liceu
⑮ Santa Maria del Pi
⑯ La Boqueria ⭐
⑰ La Virreina – Centre de la Imatge

ESSEN UND TRINKEN

① Can Culleretes
② Café de l'Òpera
③ Pâtisserie Escribà
④ Pinotxo
⑤ Els Quatre Gats

EINKAUFEN

⑥ Caelum
⑦ L' Arca
⑧ La Manual Alpargatera
⑨ Herboristeria del Rei

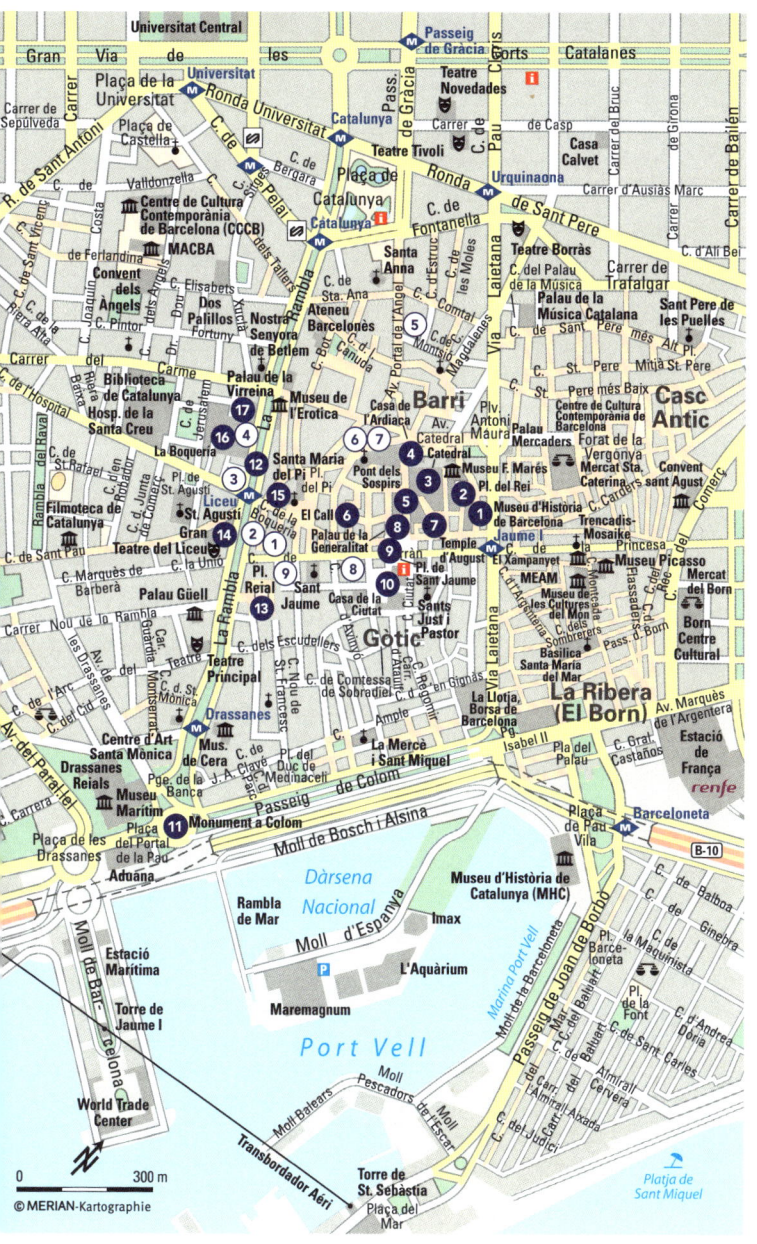

Universitat Central

Gran Via de les Corts Catalanes

Passeig de Gràcia

Plaça de la Universitat
Universitat
Ronda Universitat
Plaça de Castella
Teatre Novedades
Teatre Tivoli
Casa Calvet
Carrer de Casp
Carrer de Girona
Carrer de Bailèn

Carrer de Sepúlveda
R. de Sant Antoni
Valldonzella
Plaça de Catalunya
Ronda
Urquinaona
Carrer d'Ausiàs Marc

Centre de Cultura Contemporània de Barcelona (CCCB)
MACBA
Santa Anna
Teatre Borràs
C. d'Ali Bei

de Sant Pere

Convent dels Àngels
Ateneu Barcelonès
Palau de la Música Catalana
Sant Pere de les Puelles

Nostra Senyora de Betlem
Casa de l'Ardiaca
Barri
Carrer de Trafalgar

Biblioteca de Catalunya
Hosp. de la Santa Creu
Museu de l'Eròtica
17
4
Catedral
Palau Mercaders
Forat de la Vergonya
Casc Antic

16
12
Santa Maria del Pi
6 7
4 3
Museu F. Marès
2
Centre de Cultura Contemporània de Barcelona
Convent sant Agustí

La Boqueria
3
15
El Call
6
8
7
1
Museu d'Història de Barcelona
Trencadis-Mosaike
Mercat Sta. Caterina

Filmoteca de Catalunya
Liceu
14
2
Palau de la Generalitat
9
Temple d'August
Jaume I
MEAM
Museu Picasso

Teatre del Liceu
1
8
Sants Just i Pastor
El Xampanyet
Mercat del Born

Palau Güell
9
Sant Jaume
10
Pl. de Sant Jaume
Museu de les Cultures del Mon
Born Centre Cultural

Pl. Reial
13
Casa de la Ciutat
Gòtic
Basílica Santa Maria del Mar
La Ribera (El Born)

Teatre Principal
La Llotja, Borsa de Barcelona
Estació de França
renfe

Centre d'Art Santa Mònica
La Mercè i Sant Miquel
Pla del Palau

Mus. de Cera
Drassanes Reials
Museu Marítim
Monument a Colom
11
Moll de Bosch i Alsina
Aduana
Plaça de Pau Vila
Barceloneta
B-10

Dàrsena Nacional
Museu d'Història de Catalunya (MHC)

Rambla de Mar
Imax

Estació Marítima
L'Aquàrium

Torre de Jaume I
Maremagnum

World Trade Center
Port Vell

0   300 m
Transbordador Aeri
Torre de St. Sebastià
Platja de Sant Miquel

© MERIAN-Kartographie

Aus dem 6. Jh. stammen die Grundmauern eines – nicht mehr von den Römern erbauten – bischöflichen Palasts. Mehr als ein halbes Jahrtausend lang hatte Barcino zu Rom gehört, im 5. Jh. übernahmen dann Westgoten die Herrschaft. Doch sie stellten nur eine kleine Oberschicht, respektierten die Kultur der breiten, römisch geprägten Bevölkerung und übernahmen sogar ihre Sprache, das Vulgärlatein. Erst im 8. Jh., mit der Vertreibung der Westgoten durch die Mauren, endete die Geschichte des antiken Barcino.

Auch vom mittelalterlichen Barcelona erzählt eine **Dauerausstellung** des Museums. **Wechselausstellungen** widmen sich zusätzlich neuzeitlichen und zeitgenössischen Themen. Die Innenräume des Saló del Tinell und der Capilla Reial de Santa Agata lassen sich ebenfalls beim Besuch des Museums besichtigen – beide Gebäude gehören zum Königlichen Hauptpalast (Palau Reial Major) an der Pl. del Rei (→ S. 58).

Pl. del Rei | Metro: Jaume I | Tel. 9 32 56 21 00 | ajuntament.barcelona.cat/museuhistoria | Di–Sa 10–19, So 10–20 Uhr | Eintritt 7 €, erm. 5 € (Tickets gelten auch für andere Standorte des Museums)

❷ PLAÇA DEL REI E7

Dieser kleine Platz war einst ein echtes mittelalterliches Machtzentrum – im ihn umgebenden Palastkomplex residierten erst die Grafen von Barcelona und später die Könige des vereinigten aragonesisch-katalanischen Königreichs. Am Eingang der Pl. del Rei steht rechts die **Casa Padellàs**, ein überwiegend gotisch geprägter Stadtpalast, dessen Ornamentik aber zum Teil auch schon der Renaissance zuzuordnen ist. Er wurde im 15. und 16. Jh. errichtet, allerdings an ganz anderer Stelle: Für den Bau der benachbarten Hauptverkehrsstraße Via Laietana musste das Gebäude im frühen 20. Jh. weichen und fand an der Pl. del Rei seinen neuen Standort. Hinter der Casa Padellàs erhebt sich – ebenfalls rechts des Platzes – die **Königliche Kapelle der Heiligen Agatha** (Capilla Reial de Santa Agata).

Am Kopf der Pl. del Rei schließt dann der **Saló del Tinell** an. Dieser Festsaal entstand zur Mitte des 14. Jh.; Ende des 15. Jh. nutzte ihn das spanische Königspaar, um den Entdecker

Der Mirador del Rei Martí entstand im 15. Jh. als Aussichtsturm auf der Plaça del Rei.

Christoph Kolumbus nach dessen erster Reise nach Amerika zu empfangen. Weite Teile des Palastkomplexes lassen sich beim Besuch des Museu d'Història de Barcelona besichtigen. Achtung: Die Pl. del Rei (Platz des Königs) und die Pl. Reial (Königlicher Platz, liegt ebenfalls im Barri Gòtic) kann man wegen ihrer ähnlich klingenden Namen leicht verwechseln!
Metro: Jaume I

❸ CATEDRAL DE SANTA CREU I SANTA EULÀLIA E7

Sie steht auf den Ruinen eines römischen Tempels und einer maurischen Moschee, ihre Basilika stammt schon aus dem 11. Jh. Ab 1298 wurde die Kathedrale von Barcelona im gotischen Stil der Zeit errichtet. Ganz so alt, wie man vielleicht meinen mag, ist das Gotteshaus dann aber doch nicht: Die nach Nordwesten weisende **Hauptfassade** entstand erst zwischen 1887 und 1898, der 70 m hohe **Hauptturm** sogar erst zwischen 1906 und 1913. Bei einer Besichtigung lassen sich also die Spuren von Baumeistern verschiedener Epochen be-

Das Hauptportal der Kathedrale schufen Bartolomé Ordóñez und Pedro Villar.

wundern. Berühmt ist vor allem das **Chorgestühl** von 1399, dessen Rücken 1518 nachträglich verziert worden war. Bei den seinerzeit angebrachten Ornamenten handelt es sich um Wappen der Ritter des Ordens vom Goldenen Vlies, die sich hier auf Einladung von Kaiser Karl V. versammelt hatten.

Vor dem Hochaltar führt eine Treppe hinab in die **Krypta.** Dort ruht in ihrem Alabastersarkophag die Heilige Eulàlia – sie ist die Namenspatronin der Kathedrale und neben der Heiligen Mercè die Schutzheilige der Stadt. Die **Dachterrasse** der Kathedrale erreicht man über rund 200 Stufen (oder auch über einen Aufzug). Oben angelangt, bieten sich wunderbare Blicke über das gesamte Gebäude und weite Teile des Barri Gòtic.

An der (vom Eingang gesehen) rechten Seite des Kirchenschiffs stellt der zwischen 1380 und 1451 errichtete **Kreuzgang** mit seinen Magnolien, Orangenbäumen und Palmen einen heiteren Kontrast zum sonst eher ernsten Ambiente der Kirche dar. Er wird von zahlreichen **Kapellen** gesäumt, die wohl beliebteste ist der Heiligen Lucía gewidmet. In der Mitte des Bauwerks befindet sich ein Brunnen mit der Statue des Drachen-töters Sant Jordi (also des Heiligen Georg, er gilt als Schutzheiliger Kataloniens).

Auch mehrere Gänse mögen dem Besucher im Kreuzgang begegnen: 13 Federtiere sind seine ständigen Bewohner. Ihr weißes Gefieder symbolisiert die Jungfräulichkeit der Heiligen Eulàlia, ihre Anzahl das Alter, in dem die Märtyrerin getötet worden sein soll.

Pl. de la Seu | Metro: Jaume I | Tel. 9 33 42 82 62 | www.catedralbcn.org | Mo–Fr 8–19.45, Sa, So 8.30–20 Uhr (teilweise mit kurzen Unterbrechun-gen) | Eintritt 7 € (nur bei touristischen Besuchen zwischen 12.30–19.45 (Mo–Fr), 12.30–17.30 (Sa), 14–17.30 Uhr (So), ansonsten freier Zugang zu Kirchenschiff und Kreuzgang, Zugang zum Dach außerhalb der tou-ristischen Besuchszeiten Eintritt 3 €

④ CASA DE L'ARDIACA E7

Die mehr als 800 Jahre alte **Residenz des Erzdiakons** (der in der Kirchenhierarchie direkt dem Bischof unterstellt war) be-findet sich am Vorplatz der Kathedrale. Sie wurde ursprüng-lich im gotischen Stil erbaut, später u. a. um Elemente aus der Renaissance ergänzt. Auch viele weitere architektonische Ein-flüsse sind erkennbar, sogar Mauerreste aus römischer Zeit ge-hören zum Bauwerk. Der stimmungsvolle **Innenhof** (mit Ar-kaden, Balkon und Brunnen) kann heute besichtigt werden. Eine echte Kuriosität ist der große, marmorne Briefkasten am Eingang des Gebäudes. Entworfen hat ihn der bekannte mo-dernistische Architekt Lluís Domènech i Montaner. Mit der Darstellung von fünf Schwalben und einer Schildkröte spielte er ironisierend auf die Arbeitsgeschwindigkeit der Justiz an – das Gebäude diente seinerzeit als Sitz der Anwaltskammer.

C. de Santa Llúcia 1 | Metro: Jaume I | Tel. 9 33 18 11 95 | Mo–Fr 9–20.45, Sa 9–13, Juli, Aug. nur Mo–Fr 9–19.30 Uhr

⑤ PONT DELS SOSPIRS E7

Der schmale C. del Bisbe wird von einer pittoresken, an ihr venezianisches Vorbild erinnernden »**Seufzerbrücke**« über-spannt. Spitze Bögen in scheinbar spätgotischem Stil prägen das Bauwerk, unter ihm steht fast immer jemand, der gerade für ein Erinnerungsfoto posiert. Was nur wenige dieser Fotomodelle ahnen: Wie so viele Bauten im Barri Gòtic entstand auch die Seufzerbrücke keineswegs im Mittelalter – sondern erst während der 1920er-Jahre (→ S. 30). **Joan Rubió i Bellver,** der verantwortliche Architekt, restaurierte damals die gesamte Casa dels Canonges, das nordöstlich des C. del Bisbe stehende Gebäude. Überall und nach eigenem Belieben fügte er Details hinzu, die zwar nach Gotik aussehen, von Kritikern aber mittlerweile als reine Fälschungen bezeichnet werden. Die Casa dels Canonges diente einst als Residenz für die Domherren der Kathedrale, der Pont dels Sospirs verbindet sie mit dem Palau de la Generalitat (→ S. 64).

C. del Bisbe | Metro: Jaume I

❻ EL CALL/CENTRO DE INTERPRETACIÓN DEL CALL E7

Nur über wenige Straßen, eigentlich eher Gassen, erstreckte sich El Call, das **ehemalige jüdische Viertel** von Barcelona. Juden hatten im Mittelalter entscheidend zu Wachstum und Wohlstand der Stadt beigetragen. Manche unterhielten exzellente Handelsbeziehungen bis nach Nordafrika, andere wurden als kenntnisreiche Ärzte geschätzt. Mehrere Synagogen dienten den bis zu 4000 Juden (bis zu 15 % der damaligen Bevölkerung Barcelonas!) als religiöse Zentren. Doch spätestens Mitte des 13. Jh. wendete sich die Stimmung zunehmend gegen sie, 1391 fegte dann eine Welle grausamer antijüdischer Ausschreitungen über weite Teile Spaniens. Am 5. August dieses Jahres kam es auch in Barcelona zum Pogrom: Ein fanatisierter Mob tötete rund 300 Menschen jüdischen Glaubens, die Überlebenden mussten entweder fliehen oder zum Christentum übertreten. Bald geriet die jüdische Gemeinde der Stadt in Vergessenheit, und ihre Spuren verwischten sich zunehmend.

Erst im späten 20. Jh. begab man sich wieder auf die Spurensuche. So gelang es Ende der 1980er-Jahre, den Standort der ehemaligen **Hauptsynagoge** (Synagoga Major) zu identifizieren – ihr mittelalterliches Gebäude im C. de Marlet 5 dient

Gut versteckt in einem Hof: die erhaltenen Säulen des Augustus-Tempels.

inzwischen wieder als jüdisches Gotteshaus. In der Nachbarschaft zeigt ein Infozentrum des Museu d'Història de Barcelona (MUHBA) außerdem archäologische Funde aus dem 13. und 14. Jh. Auch geführte Rundgänge durch El Call werden angeboten.

Placeta de Manuel Ribé | Metro: Liceu, Jaume I | Tel. 9 32 56 21 22 | ajuntament.barcelona.cat/museuhistoria | Mi 11–14, Sa, So 11–19 Uhr | Eintritt 2 €, erm. 1,50 €

IM VORBEIGEHEN ENTDECKT

❼ TEMPLE D'AUGUST E7

Viel ist vom einst so mächtigen Augustus-Tempel der Römersiedlung Barcino nicht übrig geblieben. Und zufällig, beim Stadtbummel, wird man seine verbleibenden Ruinen kaum entdecken: Die vier stattlichen **korinthischen Säulen** stehen zwar mitten im historischen Stadtkern, zwischen Kathedrale, Pl. de Sant Jaume und Pl. del Rei – aber gleichzeitig auch versteckt und ohne große Ausschilderung in einem Hinterhof der kleinen Gasse C. del Paradís. Der Tempel war im späten 1. Jh.

v. Chr. auf dem Forum, Barcinos zentralem Platz, errichtet worden. Antike Spuren sind auch sonst kaum noch im Stadtbild zu entdecken. Eine beeindruckende Ausgrabungsstätte mit römischen Ruinen liegt nur wenige Schritte von hier unter der Pl. del Rei, besichtigen kann man sie heute beim Besuch des Museu d'Història de Barcelona (MUHBA).

C. del Paradís 10 | Metro: Jaume I | ajuntament.barcelona.cat/museu historia | Tel. 9 32 56 21 22 | Mo 10–14, Di–Sa 10–19, So 10–20 Uhr | Eintritt frei

❽ PALAU DE LA GENERALITAT E7

Europaweit einer der wenigen mittelalterlichen Bauten, die noch immer als **Regierungsgebäude** genutzt werden: Direkt dem Rathaus (Casa de la Ciutat) gegenüber steht an der Pl. de Sant Jaume dieser Palast der katalanischen Regionalregierung. Er wurde im 15. Jh. errichtet, dann immer wieder erweitert. Besichtigungen sind leider nur sehr eingeschränkt möglich.

Pl. de Sant Jaume 4 | Metro: Jaume I, Liceu | www.president.cat | Tage der offenen Tür: 23. April, 11. und 24. Sept., ansonsten nach Voranmeldung am zweiten und vierten Wochenende jedes Monats außer Aug.

❾ PLAÇA DE SANT JAUME E7

Schon vor zwei Jahrtausenden war dieser Platz ein Ort der Macht: Wo sich heute mitten im Herzen des Barri Gòtic die Pl. de Sant Jaume erstreckt, befand sich einst das Forum, also das politisch-religiöse Zentrum der römischen Siedlung Barcino. Mittlerweile werden von hier aus sowohl Barcelona als auch ganz Katalonien regiert. **Rathaus** (Casa de la Ciutat) und **Regierungspalast** (Palau de la Generalitat de Catalunya) stehen sich an den Längsseiten des Platzes gegenüber.

Metro: Jaume I, Liceu

❿ CASA DE LA CIUTAT E7

Als Regierungsgebäude lässt sich das **historische Rathaus** (Ayuntament) an der Südostseite der Pl. de Sant Jaume leider nur sehr eingeschränkt besichtigen. Hinter der klassizistischen Fassade verbergen sich verschiedene architektonische Schätze:

So entstand ein Teil des Gebäudes, der Saló de Cent, schon im 14. Jh. – ab 1373 versammelte sich hier der Consell de Cent (Rat der Hundert). Seine wichtigste Aufgabe war es, die Mitglieder der Stadtregierung zu wählen. Er gilt als eine der frühesten Formen demokratischer Selbstverwaltung im mittelalterlichen Europa.

Pl. de Sant Jaume 1 | Metro: Jaume I, Liceu | Tel. 9 34 02 70 00 | www.bcn. cat | So 10–14 Uhr

⓫ MONUMENT A COLOM → S. 118

MERIAN TOP 10

⓬ LES RAMBLES (LAS RAMBLAS, LA RAMBLA) E7

Alle Wege führen zu den Rambles: Kaum ein Reisender gelangt nicht irgendwann auf diese **1,2 km lange Flaniermeile** zwischen Pl. de Catalunya und Port Vell. Sie bietet eine Bühne, auf der Bewohner wie Besucher ihr immer wiederkehrendes Theaterstück improvisieren. Zwischen zwei engen, einspurigen Straßen liegt ein breiter, nur Fußgängern vorbehaltener Boulevard. Bis spät in die Nacht drängeln sich die Menschen dicht an dicht – dementsprechend sind die Rambles übrigens auch bei Taschendieben beliebt, eine gewisse Vorsicht ist also geboten.

Nein, die Rambles zählen nicht mehr zu den edelsten Winkeln der Stadt. Zwar blitzt an vielen Stellen hartnäckig die nostalgische Schönheit vergangener Zeiten auf, etwa am **Gran Teatre del Liceu** (→ S. 70) oder am **Mercat de San Josep** de la Boquería (→ S. 47). Doch statt Charme bietet die Promenade jetzt immer mehr Spektakel. Sie ist zu einem touristischen Hotspot geworden, viele Barcelonesen beobachten ihre Entwicklung mit Ärger und Sorge. Denn auch so etwas gehört zum (nächtlichen) Alltag auf den Rambles: Dealer, die ganz offen hier ihre Drogen verkaufen. Prostituierte, die ihre Kunden anwerben und dann in einer der Nebenstraßen bedienen. Touristen, die betrunken und grölend in die Gassen des Barri Gòtic strömen.

Jeder Abschnitt der Ramblas ist anders. Hier warten die Künstler auf Kundschaft.

Früher war das alles anders. Noch der spanische Dichter Federico García Lorca schwärmte, die Rambles verkörperten »das ganze Barcelona«, sie seien »die einzige Straße, von der ich mir wünschen würde, dass sie niemals endet«. Genau genommen stellt die Flaniermeile aber eine Aneinanderreihung gleich mehrerer Straßen dar, deshalb auch der Plural Les Rambles (oder auf Spanisch Las Ramblas, vereinfachend spricht man oft im Singular von La Rambla). Nicht schnurgerade, sondern in sanften Kurven verlaufen sie bis zum Meer – früher lag an ihrer Stelle das Flussbett des Malla.

Heute befinden sich hier Kioske und Verkaufsstände: **Tierhändler** bieten Ziervögel und -fische feil, auch **Blumenhändler** haben ihr buntes Sortiment aufgebaut, **Straßenkünstler** unterhalten die Passanten als menschliche Statuen. Aufwendig kostümiert stehen die Darsteller regungslos an der quirligen Promenade, etwas Kleingeld lässt die fantasievollen Figuren plötzlich lebendig werden. Außerdem betreiben einige – meist sehr touristisch geprägte – **Restaurants** ihre Freiluftterrassen direkt auf den Rambles. Durch die ohnehin dichten Menschenmassen schieben sich also auch noch die Kellner mit ihren Tabletts.

Doch oft genügen nur wenige Schritte, um den Rambles zu entfliehen – und in ein mittelalterliches Gassengewirr abzutauchen. Westlich der Promenade schließt sich das multikulturelle, noch immer leicht verrufene Altstadt- und Szeneviertel El Raval an. Im Osten liegt das historische Barri Gòtic. Die klassischen Rambles enden am **Kolumbusdenkmal** (Monument a Colom → S. 118), also fast direkt vor dem Hafenbecken. Über die Rambla del Mar, eine breite Fußgängerbrücke, gelangt man noch bis zum Unterhaltungskomplex auf der Moll d'Espanya. Die Frühaufsteher unter den Besuchern werden an den Rambles übrigens mit ganz besonderen Anblicken belohnt: Vor 10 Uhr morgens kann man den menschlichen Statuen beim Aufbau ihrer Kulissen zuschauen.

Metro: Catalunya, Drassanes, Liceu

⓭ PLAÇA REIAL   D7

Großer, von den Rambles aus mit nur wenigen Schritten erreichbarer Platz, der zu den schönsten der ganzen Stadt gehört. Durch die geschlossene Anlage, die Arkadengänge sowie seine klassizistischen Fassaden erinnert er an manche andere Plazas und Piazze in Italien. Doch die Pl. Reial (Königlicher Platz) bietet eine Besonderheit, die es garantiert nur hier gibt: Manche der schmiedeeisernen Laternen werden von je einem gefiederten Hermeshelm und zwei streitenden Schlangen gekrönt. Der damals noch weitgehend unbekannte **Antoni Gaudí** gestaltete sie im Jahr 1878 für die Stadtverwaltung, die ihn zu diesem Anlass als »jungen und tüchtigen Architekten« bezeichnete.

Auch bei Besuchern ist die Pl. Reial sehr beliebt, von Bars, Cafés und Restaurants wird sie regelrecht gesäumt. Achtung: Wegen des ähnlichen Namens kann man sie leicht mit der ebenfalls im Barri Gòtic gelegenen Pl. del Rei (Platz des Königs) verwechseln.

Metro: Drassanes, Liceu

Delikatessenstand mit regionalen Produkten beim Markt auf der Plaça del Pi.

Platz da: Barcelonas Plätze und Promenaden

Zugegeben, man kann sich hier ganz schön einschüchtern lassen: so groß, so weit, so voll von Menschen, zu jeder Tages- und Nachtzeit. Fünf Hektar, so viel wie sieben Fußballfelder, misst die **Plaça de Catalunya** (→ S. 166). Barcelonas zentraler Platz ist gespickt mit Skulpturen und Wasserspielen, gesäumt von erhabenen Kaufhausbauten, wichtiger Knotenpunkt von Metro- und Buslinien. Die wuselige **Rambla** (→ S. 65), Barcelonas berühmte Flaniermeile, mündet in den Platz, setzt sich hinter ihm edel als **Rambla de Catalunya** fort, parallel zum Nobelboulevard **Passeig de Gràcia** (→ S. 162) – auch er wird an der Plaça de Catalunya geboren. Noch im 19. Jahrhundert war hier Schluss, kam die Stadt hier an ihre Grenze. Was für ein Kontrast: Heute ist der Platz ihr Herzstück, das Scharnier zwischen Alt und Neu, zwischen Barri Gòtic und Eixample.

Zentral, wichtig, wuselig? Ja, klar. Und doch nur primus inter pares, einer von vielen. Barcelonas Plätze liegen zwar – sprichwörtlich und tatsächlich – oft im Schatten der vielen

Gebäude, die das Gesicht der Metropole prägen. Für das Stadtbild, vor allem für ihre Bewohner, sind sie aber mindestens genauso bedeutend wie die Sagrada Família und andere berühmte Bauten. Die Plätze und Promenaden Barcelonas: Sie sind die wahren Wohnzimmer der Stadt – und dabei je nach Viertel grundverschieden.

Schon die **Plaça de Sant Jaume** (→ S. 64), Barcelonas ältester Platz im Barri Gòtic: entstanden vor zwei Jahrtausenden als Forum der römischen Neugründung Barcino, bis ins späte 19. Jahrhundert zentraler Stadtplatz, also Vorgänger der Plaça de Catalunya, und noch heute ein Ort, der sich seiner Macht bewusst ist, an dem sich das Rathaus und der Regierungspalast gegenüberstehen.

Welch Gegensatz zu den anderen Altstadtplätzen: Der kleine, hübsche **Passeig del Born,** an dem Ritter früher ihre Reitturniere abhielten – und sich heute bis spät nachts das Szenevolk tummelt. Im Raval die **Plaça dels Àngels** am markanten Museum für Gegenwartskunst (MACBA, → S. 78), wo Skater dröhnend über den Asphalt brettern. Dann die **Rambla del Raval,** fast so breit wie lang, geplant schon im späten 19. Jahrhundert, angelegt und mit Palmen bepflanzt aber erst seit 1995 – ein weites Geschenk an ein vorher beengtes Viertel. Am Wochenende wird sie auch zum Schauplatz für einen kleinen Markt (mit Design-Fokus), genau wie die kleine **Plaça del Pi** im Barri Gòtic (frische Lebensmittel von Landwirten aus der Region, → S. 71). Und wo wir schon wieder im Barri Gòtic sind: Gesäumt von klassizistischen Bauten und Arkadengängen liegt hier auch die **Plaça Reial** (→ S. 67), Barcelonas einziger Platz, der typisch spanisch, fast italienisch wirkt. Zu einem echten Unikat wird er durch seine behelmten, von Antoni Gaudí entworfenen Straßenlaternen.

Ein Text über Barcelonas **Plätze** wäre natürlich nicht komplett ohne den Exkurs nach Gràcia: Wer hier über die **Plaça de la Vila de Gràcia,** die **Plaça del Sol** und die **Plaça de la Revolució** (→ S. 142) schlendert, atmet das dörfliche Flair der früher eigenständigen Gegend – und kann die hektische Großstadt für eine Weile fast vergessen.

⑭ GRAN TEATRE DEL LICEU D7

1893 war er Ziel eines Bombenattentats, zweimal, zuletzt 1994, wurde der Bau von Bränden zerstört – und dann wieder aufgebaut. Bis heute gilt das Liceu als eines der wichtigsten europäischen Opernhäuser, ohne diese mittlerweile mehr als einenhalb Jahrhunderte alte Institution wäre die Welt wohl um einige Stars ärmer. Wer sich vor allem für Architektur und Interieur des Gebäudes interessiert, kann auch an einer **Führung** teilnehmen. Und dann gibt es da noch eine ganz andere Art, das Liceu kennenzulernen. Als erstes Opernhaus der Welt hat es 2018 einen eigenen **Escape Room** eingerichtet. Um den Weg hinauszufinden, muss man geheimnisvollen Hinweisen nachgehen – und ein Rätsel um Giacomo Puccini und die Geschichte des Liceu lösen.

Les Rambles 51–59 | Metro: Liceu | Tel. 9 34 85 99 00 | www.liceu
barcelona.cat

⑮ SANTA MARIA DEL PI E7

Schon im 5. Jh. soll ein erstes christliches Gotteshaus an dieser Stelle gestanden haben, ganz so alt ist die Kirche Santa Maria del Pi dann aber doch nicht. Sie wurde in den Jahren zwischen 1319 und 1391 erbaut, also in einer für damalige Verhältnisse ganz beachtlichen Geschwindigkeit. Das Glas der großen **Fensterrose** über ihrer gotisch geschwungenen Pforte wurde erst ab 1939 eingesetzt, allerdings als authentische Nachbildung des 1936 im Spanischen Bürgerkrieg zerstörten Originals. Auch der Altar von Santa Maria del Pi verbrannte damals, sein alabasterner Ersatz wurde 1967 aufgestellt.

Im Gegensatz zur Einrichtung ist der Kirchenbau selbst nach seiner Fertigstellung kaum mehr ergänzt oder verändert worden. Seine **Hauptfassade** bietet eines der wenigen unverfälschten Beispiele für die typisch katalanische Ausprägung des gotischen Stils: Ornamente finden sich nur am Portal und in Form der Rosette, ansonsten bleibt die Außenmauer blank – Ähnlichkeiten mit der ebenfalls während des 14. Jh. im Altstadtviertel El Born entstandenen Kirche Santa Maria del Mar (→ S. 94) sind unübersehbar.

Die vor dem Gotteshaus liegende **Pl. del Pi** gehört zu den schönsten Plätzen des Barri Gòtic. Künstler bieten hier ihre Zeichnungen feil, und an manchen Wochenenden verwandelt sie sich in einen Bauernmarkt mit Produkten aus der Region.
Pl. del Pi 7 | Metro: Liceu | www.basilicadelpi.cat | Tel. 9 33 18 47 43 | tgl. 10–18 Uhr (für Besucher mit touristisch-kulturellem Interesse, zum Gebet für Gläubige auch außerhalb dieser Zeiten geöffnet) | Eintritt 4,50 €, erm. 2–3,50 € (während der touristischen Besuchszeiten, ansonsten frei)

MERIAN TOP 10

🄰 LA BOQUERÍA D7

Er gilt als legendärer »Bauch von Barcelona«: der direkt an den Rambles gelegene Mercat de San Josep de la Boquería, kurz Boquería genannt. Manuel Vázquez Montalbán schwärmte einst von einer wahren »Kathedrale der Sinne«, sein Schriftstellerkollege Cees Noteboom von der »schönsten Markthalle Europas«. Die prächtig arrangierten Auslagen der Marktstände sind genauso sehenswert wie das geschwungene modernistische **Dachgewölbe** von 1915. Auch wenn der Markt inzwischen zu den wichtigsten touristischen Attraktionen gehört, versorgen sich hier noch immer die Anwohner aus der Nachbarschaft mit Obst und Gemüse, Fisch und Fleisch, genauso wie die Köche mancher Spitzenrestaurants. Für den kleinen Hunger zwischendurch bieten mehrere Bars, Bistros und Cafés frisch zubereitete Tapas und Snacks.
Les Rambles 91 | Metro: Liceu | Tel. 9 33 18 25 84 | www.boqueria.info | Mo–Sa 8–20.30 Uhr (viele Stände schließen aber schon ab 14 Uhr)

🄱 LA VIRREINA – CENTRE DE LA IMATGE D7

Direkt an den Rambles liegt dieser Stadtpalast aus dem 18. Jh., der heute als Sitz des städtischen **Kulturinstituts** fungiert – und damit auch als Schauplatz für wechselnde Kunst-, Fotografie- und Literaturausstellungen. Architekturfans kommen schon allein wegen des prächtigen barocken Baus.
Les Rambles 99 | Metro: Liceu | Tel. 9 33 16 10 00 | ajuntament.barcelona. cat/lavirreina | Di–So 11–20 Uhr | Eintritt frei

Essen und Trinken

① *Der Klassiker*
CAN CULLERETES E7
Bunte Fenster, prächtige Kronleuchter, viele Bilder an den gemütlich gekachelten Wänden – willkommen im ältesten Restaurant der Stadt! Schon wegen des Ambientes lohnt ein Besuch dieses 1786 gegründeten Lokals, gekocht wird hier traditionell katalanisch, also mit viel Fisch und Meeresfrüchten.

C. de Quintana 5 | Metro: Liceu | Tel. 9 33 17 30 22 | www.culleretes. com | Di–Sa 13.30–16, 20–22.45, So 13.30–16 Uhr | €€

② *Bis spät in die Nacht*
CAFÉ DE L'ÒPERA D7
Direkt auf den Rambles einkehren? Meist keine gute Idee, denn viele Bars, Cafés und Restaurants sind hier sehr touristisch geprägt. Zu den wenigen Ausnahmen gehört das Café de l'Òpera. Das Lokal atmet noch immer den Charme der 1920er-Jahre, vom Frühstück bis zum Mitternachtsimbiss wird jede Mahlzeit des Tages serviert. Wer im ersten Stock einen Fensterplatz ergattert, kann entspannt die wuseligen Menschenströme auf der Promenade beobachten.

Les Rambles 74 | Metro: Liceu | Tel. 9 33 17 75 85 | www.cafe operabcn.com | tgl. 8.30–2.30 Uhr

③ *Sehr bunt und sehr süß*
PÂTISSERIE ESCRIBÀ D7
Spektakulär inszenierte Torten, Törtchen, Schokoladenkreationen und viele andere Süßigkeiten wetteifern hier mit einem prächtigen modernistischen Interieur um die Aufmerksamkeit des Besuchers. Ihr berühmtes Ladenlokal an den Rambles betreibt diese alteingesessene Pâtisserie direkt neben dem Haupteingang zum Mercat de Sant Josep de la Boquería, ihr (deutlich größerer) Stammsitz befindet sich im Stadtteil Eixample.

Les Rambles 83 (sowie im Eixample an der Gran Via de les Corts Catalanes 546) | Metro: Liceu | Tel. 9 33 01 60 27 | www.escriba.es | tgl. 9–21 Uhr

④ *Der Kultimbiss*
PINOTXO D7
Juanito Bayen, besser bekannt als *pinotxo* (Pinoc-

Die wunderbare Pâtisserie Escribà ist nicht nur wegen der süßen Versuchungen einen Zwischenstopp wert. Die Details der Inneneinrichtung sind sehenswert.

chio), ist der wohl berühmteste Imbissbesitzer von ganz Barcelona. Seinen Stand im legendären Markt La Boquería betreibt Bayen, dessen Kragen stets von einer Fliege geschmückt ist, bereits in dritter Generation. Blitzschnell zaubert er traditionelle Snacks, etwa Bohnen mit Blutwurst oder Kabeljau mit Knoblauchcreme. Runtergespült wird das Ganze am besten ganz stilecht mit einem Glas Cava. Wer schon sehr früh am Morgen kommt, der sitzt hier neben den Marktleuten und kann ihnen anschließend beim Aufbau ihrer Stände zuschauen.

Les Rambles 91 (Stand G7, direkt rechts vom Haupteingang) | Metro: Liceu | Tel. 9 33 17 17 31 | www. pinotxobar.com | Mo–Sa 6.30– 16 Uhr | €

⑤ *Modernisme-Interieur*
ELS QUATRE GATS E6
»Es wimmelte von Künstlertypen«, berichtete ein Besucher, der 1899 im Els Quatre Gats eingekehrt war. Tatsächlich galt das Lokal einst als

legendäres Künstlercafé, auch der junge, noch weitgehend unbekannte Pablo Picasso gehörte zu den Stammgästen – die ihre Rechnungen bisweilen mit eigenen Werken beglichen. So gestaltete Picasso eine Grafik, die bald auf dem Deckblatt der Speisekarte prangte. Die Künstler sind zwar längst weg (genauer: berühmt geworden und inzwischen verstorben). Doch ihre Werke (oder deren Kopien; die Originale hängen mittlerweile meist in Museen) zieren wieder jeden freien Fleck an der Wand. Das Lokal lädt in ein authentisches Modernisme-Ambiente, die Küche bietet mediterrane Gerichte zu günstigen Preisen. Man kann aber im Els Quatre Gats auch einfach nur auf ein Getränk vorbeischauen.

C. de Montsió 3 | Metro: Urquinaona | Tel. 9 33 02 41 40 | www. 4gats.com | tgl. 9–24 Uhr | €–€€

Einkaufen

⑥ *Da seufzst nicht nur die Nonne*
CAELUM E7

Göttliche Genüsse: Nicht nur Chocolatiers und Pâtissiers widmen sich hier der Herstel-lung von Süßwaren, sondern auch viele spanische Klöster. Dieses Geschäft verkauft ihre himmlischen Spezialitäten, vor allem Kuchen, Kekse und Marmeladen. Wer jetzt wissen möchte, wie etwa *sospirs de monja* (Nonnenseufzer) schmecken, der muss in diesem paradiesischen Laden schon selbst vorbeischauen.

C. de la Palla 8 | Metro: Liceu | Tel. 9 33 02 69 93 | www.caelum barcelona.com | Mo–Sa 10-20.30 Uhr

⑦ *Spitzenparadies*
L' ARCA E7

Einen intimen Einblick in Omas alte Schränke erlaubt diese charmante Retro-Boutique. Vom Tischtuch bis zum Brautkleid – im Sortiment finden sich wunderbar alte Textilien mit vielen Bordüren, Stickereien und Spitzen. Auch für historische Rekonstruktionen (etwa in der Casa Milà, → S. 170) oder als Filmausstatter (»Das Parfum«, »Vicky Cristina Barcelona«, »Titanic«) werden die Betreiber immer wieder angefragt.

C. dels Banys Nous 20 | Metro: Liceu | Tel. 9 33 02 15 98 | www. larca.es | Mo–Sa 11–14, 16.30–20.30 Uhr

⑧ *Handgemachte Latschen*
LA MANUAL ALPARGATERA E7

Mediterrane Treter mit Tradition: Mittlerweile schätzt man Espadrilles (Katalanisch: *espardenyes,* Spanisch: *alpargatas)* fast weltweit als luftig-leichte Fußbekleidung für den Sommer. Ursprünglich wurden die bequemen Schuhe aus Baumwolle, Leinen und Pflanzenfasern vor allem auf Mallorca getragen, für die mallorquinische und katalanische Kultur spielten sie eine wichtige Rolle. Seit 1943 hat sich auch diese kleine, inzwischen ziemlich berühmt gewordene Manufaktur in Barcelonas Barri Gòtic auf die Herstellung von Alpargatas/Espardenyes spezialisiert. Wer im La Manual Alpargatera geduldig Schlange steht, kann ein eigenes, erstaunlich günstiges und dabei garantiert handgemachtes Paar erwerben. Damit ist man dann in allerbester Gesellschaft: Zu den Kunden der Manufaktur gehör(t)en neben Stars wie Jack Nicholson, Michael Douglas, Penélope Cruz oder Salvador Dalí sogar Papst Johannes Paul II.

C. d'Avinyo 7 | Metro: Liceu, Jaume I | Tel. 9 33 01 01 72 | www.lamanual.com | Mo–Fr 9.30–20, Sa 10–20 Uhr

⑨ *Herrlich aus der Zeit gefallen*
HERBORISTERIA DEL REI E7

Einer dieser wunderbaren Läden, in denen die Zeit stehen geblieben zu sein scheint: 220 Heilkräuter verkauft die 1818 gegründete Herboristeria, dazu kann die Kundschaft viele Gewürze, Honig, Süßigkeiten und Kosmetikartikel erwerben. Sehenswert ist aber nicht nur dieses außergewöhnliche Sortiment, sondern vor allem das Interieur aus dem Jahr 1857 – seinerzeit wurde die Herboristeria zum offiziellen Zulieferer der Königsfamilie. Verziert wird der Verkaufsraum durch kunstvolle Malereien, in der Mitte steht ein Springbrunnen. Die Krönung des Ganzen? Eine Büste des großen schwedischen Pflanzenkundlers Carl Linné, die über allem anderen thront.

C. del Vidre 1 | Metro: Liceu | Tel. 9 33 18 05 12 | www.herboristeriadelrei.com | Di–Do 14.30–20.30, Fr, Sa 10.30–20.30 Uhr

EL RAVAL

Lange haftete dem Viertel ein hartnäckiges Schmuddelimage an, und gewiss: Raue Ecken gibt es im Raval noch immer. Was es heute aber auch gibt: weite Plätze und Promenaden, hochkarätige Museen, kreative Boutiquen, lässige Bars, Restaurants und Live-Clubs.

Berühmt? Ja. Berüchtigt? Auch! Schon im späten 19. Jh. gab es Versuche, den Raval wieder salonfähig zu machen. Noch im späten 20. Jh. wurde Reisenden manchmal geraten, das ganze Viertel besser gar nicht erst zu betreten. Schon damals mag die Warnung überzogen gewesen sein, heute gilt sie gewiss nicht mehr. Im Gegenteil: Der Raval gehört zu den Gegenden, die man unbedingt gesehen haben sollte!

Zuerst kamen Künstler und Studenten in das südwestlich von Barri Gòtic und Rambles angrenzende Stadtviertel, inzwischen sind auch Bars und Clubs, Galerien, Geschäfte und Restaurants hergezogen. Mit dem **MACBA** (Museum für zeitgenössische Kunst) und dem **CCCB** (Zentrum für zeitgenössische Kultur) haben sich zwei hochkarätige Kulturinstitutionen hier angesiedelt, großzügige Plätze und Promenaden (etwa die wunderschöne, von Palmen beschattete Rambla del Raval) entstanden in dem früher beengten Bezirk. Auch historische Sehenswürdigkeiten bietet der Raval, beispielsweise den von Antoni Gaudí gebauten Stadtpalast **Palau Güell** oder den mittelalterlichen Klinikkomplex **Antic Hospital de la Santa Creu.**

Obwohl er sich zuletzt so rasant entwickelt hat: Ganz geschliffen gibt sich der trendige Bezirk noch längst nicht. Anders als etwa im Born, dem Altstadt- und Szeneviertel nordöstlich des Barri Gòtic, finden sich im Raval noch heute raue Winkel – Straßen, auf denen Männer ihre Rauschmittel und

Wer durch die Gassen von El Raval bummelt, erlebt ein spannendes Nebeneinander der (Sub-)Kulturen. Der Blick in einen der Hinterhöfe zeigt den Charme des Viertels, das noch nicht durchgentrifiziert worden ist.

Frauen ihre Körper verkaufen. Vor Taschendieben sollte man sich hier wohl verstärkt vorsehen, ansonsten gilt die Gegend aber als weitgehend sicher.

Traditionell ist der Raval auch neue Heimat für Migranten. Neben vielen Pakistani wohnen hier Menschen aus anderen asiatischen Ländern, aus Südamerika und Osteuropa. Inzwischen zieht es verstärkt junge Leute aus Westeuropa und Nordamerika in den Raval: Jeder der Zugezogenen hat ganz andere (Hinter-)Gründe, das Flair des Viertels lebt vom Mix ihrer (Sub-)Kulturen.

Sehenswertes

2 MERIAN EMPFEHLUNG

❶ CENTRE DE CULTURA CONTEMPORÀNIA DE BARCELONA (CCCB) D6

Doppelpack: Zusammen mit dem benachbarten MACBA (Museum für Gegenwartskunst) bildet das CCCB das kulturelle Herz des Raval. Dieses Zentrum für zeitgenössische Kultur ist Schauplatz von **Ausstellungen, Film-, Musik- und Tanzfestivals** – und für echte künstlerische Experimente. Wie viele hochkarätige Kulturinstitutionen entstand das CCCB in den 1990er-Jahren. Seinen Sitz fand es im ehemaligen Königlichen Armenhaus. Nach einer aufwendigen Sanierung und Modernisierung wurde das historische Gebäude zum Kernstück eines spektakulären Ensembles aus alter und neuer Architektur.

C. Montalegre 5 | Metro: Universitat, Catalunya | Tel. 9 33 06 41 00 | www.cccb.org | Di–So 11–20 Uhr (Ausstellungen, abweichend für Festivals, Veranstaltungen usw.) | Eintritt 6 € für eine Ausstellung, erm. 4 €, für zwei Ausstellungen 8 €, erm. 6 €

❷ MUSEU D'ART CONTEMPORANI DE BARCELONA (MACBA) D6

Seltsame Formen, riesige Fenster, die Fassade ansonsten schneeweiß und grell schimmernd wie sonst nichts im Viertel: Bei seiner Eröffnung muss das städtische Museum für

SEHENSWERTES	ESSEN UND TRINKEN	
❶ CCCB 🚩	① Flax & Kale	⑧ Les Topettes
❷ MACBA	② Teresa Carles	⑨ Discos Paradíso
❸ Antic Hospital de la Santa Creu	③ Dos Palillos 🚩	⑩ Siesta
	④ Pòrtic Boqueria	⑪ Muchafibra
❹ Gat ⊙	⑤ Robadora	
❺ Monasterio Sant Pau del Camp		**ABENDGESTALTUNG**
	EINKAUFEN	⑫ London Bar
❻ Palau Güell	⑥ Fusta'm	⑬ Bar Pastis
❼ Museu Marítim	⑦ Fantastik	

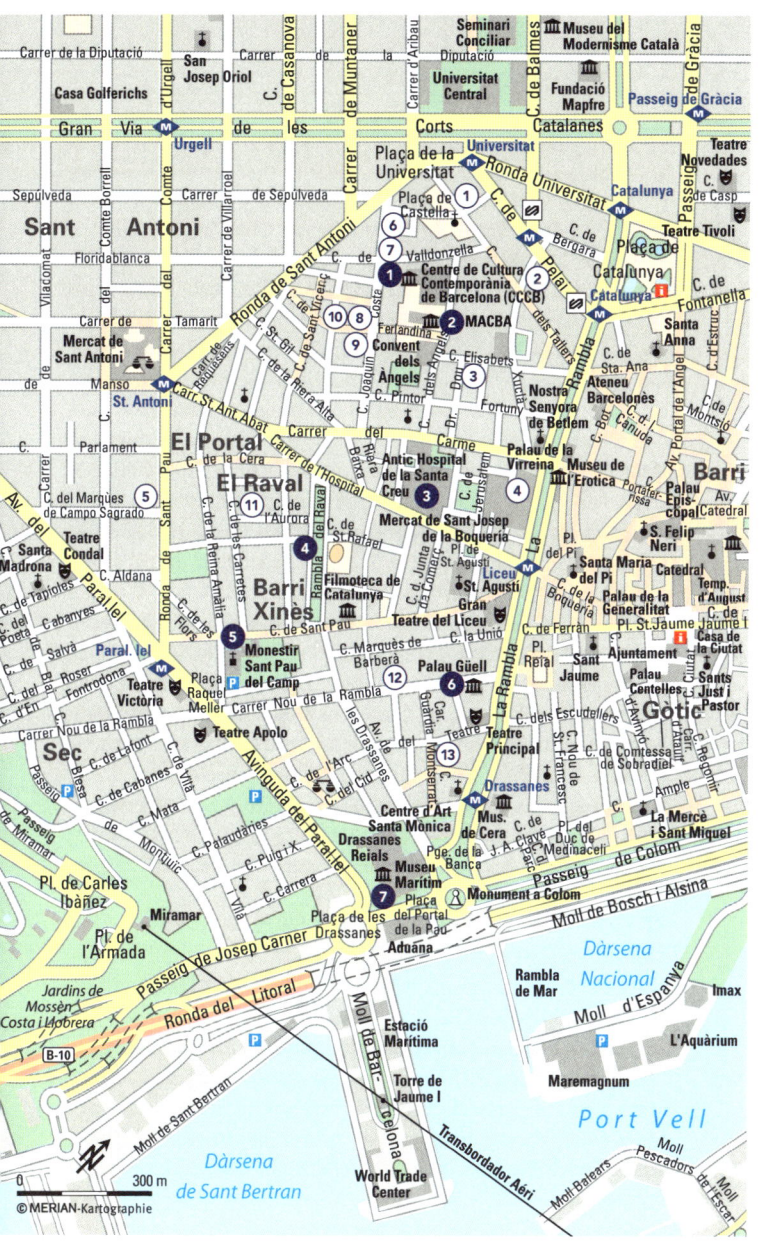

Carrer de la Diputació
San Josep Oriol
Carrer
de Casanova
Carrer de Muntaner
Carrer d'Aribau
Seminari Conciliar
Museu del Modernisme Català
C. de Balmes

Casa Golferichs
d'Urgell
Fundació Mapfre
Passeig de Gràcia

Gran Via de les Corts Catalanes
Urgell
Universitat
Ronda Universitat
Teatre Novedades
C. de Casp

Sepúlveda
Comte Borrell
Carrer de Villaroel
Carrer de Sepúlveda
Plaça de la Universitat
Universitat
Catalunya
Teatre Tivoli

Sant Antoni
Floridablanca
Plaça de Castella
C. de Bergara
Plaça de
Catalunya
C. de Fontanella

Carrer de Tamarit
Ronda de Sant Antoni
de Sant Antoni
Valldonzella
Centre de Cultura Contemporània de Barcelona (CCCB)
C. de Palau
Santa Anna

Mercat de Sant Antoni
Manso
St. Antoni
Fernandina
MACBA
Convent dels Àngels
C. Elisabets
Nostra Senyora de Betlem
Ateneu Barcelonès
C. de Sta. Ana

El Portal
C. de la Cera
Carrer del
Antic Hospital de la Santa Creu
Palau de la Virreina
Museu de l'Erotica
Barri

El Raval
C. de l'Aurora
Mercat de Sant Josep de la Boqueria
Santa Maria del Pi
Catedral

Teatre Condal
Santa Madrona
Paral·lel
Barri Xinès
Filmoteca de Catalunya
C. de St. Rafael
Gran Teatre del Liceu
Liceu
Palau de la Generalitat
Pl. St. Jaume
Casa de la Ciutat

Monestir Sant Pau del Camp
Palau Güell
Sant Jaume
Ajuntament
Gòtic

Teatre Victòria
Plaça Raquel Meller
Carrer Nou de la Rambla
Palau Centelles
Sants Just i Pastor

Teatre Apolo
Avinguda del Paral·lel
Teatre Principal
La Mercè i Sant Miquel

Passeig de Miramar
Centre d'Art Santa Mònica
Drassanes Reials
Mus. de Cera
Passeig de Colom

Pl. de Carles Ibàñez
Miramar
Museu Maritim
Monument a Colom
Dàrsena Nacional
Imax

Pl. de l'Armada
Plaça del Portal de la Pau
Aduana
Rambla de Mar
Moll d'Espanya
L'Aquàrium

Jardins de Mossèn Costa i Llobera
Ronda del Litoral
Estació Maritima
Maremagnum

B-10
Torre de Jaume I
Port Vell

Dàrsena de Sant Bertran
World Trade Center
Transbordador Aéri

© MERIAN-Kartographie
0   300 m

Gegenwartskunst (Museu d'Art Contemporani de Barcelona, kurz MACBA) auf viele Nachbarn wie ein außerirdisches Raumschiff gewirkt haben. Von US-Architekt **Richard Meier** ab Mitte der 1980er-Jahre geplant, wurde es 1995 im Raval fertiggestellt – auch als architektonisches Ausrufezeichen, das einen Wandel der damals noch eher schmuddeligen Gegend einleiten sollte.

Im Inneren gibt sich das Bauwerk nicht weniger spektakulär: Statt Treppen leiten lange Rampen in die oberen Stockwerke, mit Raum geht man überall sehr großzügig um. Zwischen den Objekten (vor allem katalanische und spanische, teilweise internationale Arbeiten) kommt immer wieder das Gebäude selbst zur Geltung. Mehr als 5000 Exponate, darunter Arbeiten von Antoni Tàpies, Francesc Torres, Pablo Picasso oder Zush, gehören zur Sammlung des MACBA, gezeigt werden sie in wechselnden Ausstellungen.

Doch mehr als ein Ort des Kulturkonsums will das Museum ein lebendiges **Kulturforum** sein, eine Stätte des Austauschs, des Gesprächs und der Begegnung. Dass sich zeitgenössische Kunst nicht nur Kennern mit Hochschulabschluss vermitteln lässt, beweist es auch mit speziellen Führungen oder Programmen für Kinder im Kindergarten- und Grundschulalter.

Pl. dels Àngeles 1 | Metro: Liceu, Universitat | Tel. 9 34 81 33 68 | www. macba.cat | Mo, Mi–Sa 10.30–19, Sa 10–21, So 10.30–15 Uhr | Eintritt 11 €, erm. 8,80 € (Ticket gültig für einen kompletten Monat)

❸ ANTIC HOSPITAL DE LA SANTA CREU D7

Das größte und wohl auch beeindruckendste der mittelalterlichen Gebäude im Raval: Dieser Bau, der jetzt die **Katalanische Nationalbibliothek** (Biblioteca de Catalunya) beherbergt, entstand ab 1401 als Krankenhauskomplex. Damals war das Gebiet des Raval noch Acker- und Weidefläche, Menschen mit ansteckenden Krankheiten wollte man lieber jenseits der Stadtmauern unterbringen. Ganze fünf Jahrhunderte diente das gotische Bauwerk dann als Spital. 1926 wurde Antoni Gaudí, der berühmteste Baumeister Barcelonas, eingeliefert. Er war von einer Straßenbahn angefahren worden – und starb

Die Katzenskulptur »Gat« des Malers und Bildhauers Fernando Botero.

hier an den Folgen des Unfalls. 1929, drei Jahre später, zog das Krankenhaus dann um, in einen modernistischen Prachtbau nicht weit von der Sagrada Família. Das altehrwürdige Gemäuer im Raval kann man heute besichtigen – während der Öffnungszeiten der Bibliothek.

C. de l'Hospital 56 | Metro: Liceu, Sant Antoni | Tel. 9 32 70 23 00 | www. bnc.cat | Mo–Fr 9–20, Sa 9–14 Uhr

IM VORBEIGEHEN ENTDECKT

4 GAT D7

Auf der Rambla del Raval, der weiten, schönen Promenade im Herzen des Viertels, steht diese riesige, rundliche bronzene Katze. Das Werk des weltbekannten kolumbianischen Künstlers **Fernando Botero** ist inzwischen zum inoffiziellen Wahrzeichen für das gesamte Viertel geworden. Mit der Skulptur »Cavall« (Pferd) kann man im Terminal B des Aeropuerto de Barcelona eine weitere schwergewichtige Arbeit von Botero bewundern.

Rambla del Raval | Metro: Liceu, Paral·lel

Das ehemalige Benediktinerkloster Sant Pau del Camp ist ein kleines Juwel der katalanischen Romantik und das älteste erhaltene Kloster der Stadt.

⑤ MONASTERIO SANT PAU DEL CAMP D7

Am südlichen Rand des Raval versteckt sich dieser stille Ort – fast ein Fremdkörper im sonst so geschäftigen Viertel. Wie eine aus der Zeit gefallene Oase wirkt das kleine Monasterio Sant Pau del Camp (Kloster des Heiligen Paulus auf den Feldern/auf dem Land). Schon der Name deutet an, dass es sich um ein besonders altes Gebäude handeln muss. Als das Kloster, wahrscheinlich im 8. Jh., errichtet wurde, lag sein Standort noch weit vor den Toren der Stadt. Im Jahr 985 wurde es bei einem maurischen Angriff fast vollständig zerstört, danach wieder aufgebaut, 1114 nochmals überfallen und ab dem 14. Jh. dann endlich von der neuen Stadtmauer geschützt.

Mehr als ein Jahrtausend lang arbeiteten, beteten und lebten Mönche im Konvent, erst 1835 mussten sie ihn endgültig verlassen – die Ordensmänner flohen damals vor einem antiklerikalen Volksaufstand. Anders als die meisten Klöster wurde das Monasterio Sant Pau del Camp nur leicht beschädigt, es ging aber in den Besitz des spanischen Staats über. Heute werden wieder Messen gefeiert, man kann die Anlage auch besichtigen. Verglichen mit so monumentalen Sakralbauten wie der Sagrada Família, der Santa Maria del Mar oder der Kathedrale im Barri Gòtic wirkt das Kloster fast auf rührende Weise winzig. Auch sein **romanischer Baustil** unterscheidet es von fast allen anderen historischen Gebäuden der Stadt – sonst prägen vor allem gotische, also spätere Gebäude das Bild der Altstadtviertel.

C. de Sant Pau 101 | Metro: Paral·lel | Tel. 9 34 41 00 01 (Pfarrbüro, keine touristische Auskunft) | www.santpaudelcamp.info | Mo–So 10–13.30, 16–19.30, Sa 10–13, 16–19 Uhr | Eintritt 5 €

❻ PALAU GÜELL D7

Obwohl dieser Stadtpalast – mit Ausnahme seiner seltsam ovalen Torbögen und einer leicht überbordenden Ornamentik – zunächst nicht besonders spektakulär wirkt, gehört er zu den bekanntesten Gebäuden Barcelonas. Als er zwischen 1885 und 1889 entstand, war allerdings noch gar nicht daran zu denken, dass ihm später eine besondere Bedeutung beigemessen werden sollte: Wer Aufsehen erregen wollte, der baute damals eigentlich in der schnell wachsenden Stadterweiterung Eixample, die viel Platz für großbürgerliche Prunkgebäude bot. Doch der junge, unkonventionelle Industrielle Eusebi Güell i Bacigalupi (1846–1918) verweigerte sich diesem Trend – er wollte lieber im Raval leben. Für seinen Stadtpalast verpflichtete er keinen renommierten Stararchitekten, sondern einen jungen Baumeister, dessen Stern erst ganz allmählich aufzugehen begann. Nicht die besten Voraussetzungen, um ein beeindruckendes, ja berühmtes Gebäude zu erschaffen.

Doch wie hieß noch mal der beim ersten Spatenstich gerade 33-jährige Architekt? Gestatten: **Antoni Gaudí** i Cornet! Gaudí, dessen Bauten die Stadt später entscheidend prägen sollten, entwarf hier eines seiner ersten größeren Häuser. Der Palau Güell gehört klar zum Frühwerk des genialen Architekten. Viele seiner unverwechselbaren Stilelemente sind schon angelegt, aber längst noch nicht so konsequent ausgeprägt wie bei späteren Gebäuden. Obwohl sich Gaudís Abneigung gegen

Der Architekt, der Barcelona erfand

Es gab Zeiten, da muss ihm sehr einsam zumute gewesen sein: »Manchmal glaube ich, dass wir die einzigen Menschen sind, die diese Architektur mögen«, soll Antoni Gaudí einst im Gespräch mit dem schwerreichen Industriellen **Eusebi Güell** gesagt haben. Dessen Antwort: »Ich mag deine Architektur nicht, ich respektiere sie nur.« Was man zum besseren Verständnis der Anekdote wissen sollte: Für Gaudí war Güell nicht allein ein enger Freund, sondern gleichzeitig der Mäzen, der einige seiner wichtigsten Projekte finanzierte – darunter den weltberühmten **Park Güell** (→ S. 145). Beispielhaft beschreibt auch ein weiterer Ausspruch von Güell an Gaudí die Beziehung der beiden: »Gib aus, was du willst! Hauptsache, es wird schön.«

Die Zitate zeigen, wie sehr der 1852 geborene Antoni Gaudí zu Lebzeiten polarisiert hat. Schon der Direktor der Architekturschule, an der Gaudí 1878 graduierte, war nicht sicher, ob er ein Genie oder einen Verrückten auf die Stadt losließ. Tatsächlich sollte der Mann, der da gerade seine Laufbahn begann, die Mittelmeermetropole prägen wie kein anderer. Oder, um es nur ein bisschen gewagter zu formulieren: Aus Gaudí wurde bald der Baumeister, der Barcelona erfand.

Er war es, der das Wahrzeichen der Stadt, die sagenhafte und bis heute unvollendete **Sagrada Família** (→ S. 174), erdachte, genau wie die fantastischen Stadtpaläste **Casa Batlló** und **Casa Milà** (→ S. 168, 170) sowie weitere weltberühmte Projekte, etwa den **Palau Güell** (→ S. 83). Dabei reichte Gaudís Einfluss weit über diese Werke hinaus: Er dachte weit extremer als zeitgenössische Kollegen, brach mit allen Konventionen, die seine Fantasie zu bremsen drohten, schuf Formen und Techniken, die von vielen anderen Architekten begeistert kopiert wurden.

Heute gilt Antoni Gaudí als großer Vordenker und Guru des **Modernisme** – also jener katalanischen Variante des Jugendstils, deren Opulenz in Barcelona gefühlt an jeder zweiten

Zu skurrilen Figuren erstarrte Belüftungsschächte auf dem Dach der Casa Milà. Mit der durchdachten Belüftung des Hauses machte Gaudí Klimaanlagen überflüssig.

Straßenecke zu bewundern ist. Gewiss, radikale Erneuerer waren damals viele Architekten. Doch Gaudí ging so weit, dass ihm irgendwann kaum einer mehr folgen konnte: Die bizarre **Casa Milà,** sein letztes vollendetes Werk (1905–10), verspotteten manche Zeitgenossen nur noch als Steinbruch *(la pedrera)*. Die Arbeiten am ambitionierten **Park Güell,** eigentlich als Gartenstadt konzipiert, wurden 1914 eingestellt, weil es keine Käufer für die 60 geplanten Villen gab. Und die **Sagrada Família,** die Gaudí bis zu seinem Tod beschäftigte, bezeichneten Kritiker als »eines der hässlichsten Gebäude der Welt«. Man möge sie doch bitte abreißen, wurde sogar gefordert!

So weit ist es zum Glück nicht gekommen, bis heute wird weiter an der Kirche gebaut. Auch für ihre Fertigstellung gibt es jetzt endlich ein Datum, und das liegt gar nicht mehr so weit in der Zukunft: 2026, genau 100 Jahre nach Gaudís Tod, soll es so weit sein.

Eine Galeere in der mittelalterlichen königlichen Werfthalle im Museu Marítim.

streng geometrische Formen erst langsam entwickelte, stellte der Palau Güell schon eine radikale Abkehr von der bisher in Barcelona üblichen Art des Bauens dar.

So verschmelzen Dekor und Konstruktion, ganz typisch für Antoni Gaudí sind beispielsweise die skurril-sculptural geformten Schornsteine. Spektakulär wirkt der drei Stockwerke hohe Saal des Palau Güell, und auch sonst wird beim Rundgang durch das Gebäude immer wieder deutlich, dass hier keine Kosten gescheut wurden. Mit seinem Stadtpalast wollte Eusebi Güell auch die Aufwertung der in Verruf geratenen Nachbarschaft einleiten – vergeblich: Sein Schmuddelimage hat der Raval erst mehr als ein Jahrhundert später langsam abgelegt. Die fruchtbare Zusammenarbeit von Güell und Gaudí sollte sich übrigens noch mehrere Male als Glücksfall für die Architektur- und Stadtgeschichte erweisen. Der steinreiche, später von König Alfons XIII. geadelte Industrielle finanzierte weitere bekannte Projekte, etwa die Colonia Güell und den Park Güell (→ S. 145). Auch der Palau Güell gehört – wie einige andere Gebäude von Gaudí – inzwischen zum **Weltkulturerbe** der UNESCO. C. Nou de la Rambla 3–5 | Metro: Drassanes | www.palauguell.cat | April–Okt. Di–So 10–20, Nov.–März Di–So 10–17.30 Uhr | Eintritt 12 €, erm. 5–9 €

❼ MUSEU MARÍTIM → S. 119

Essen und Trinken

① *Hip und gesund*
FLAX & KALE D6

Der eine isst vegan, die andere will unbedingt Fisch, der dritte verträgt kein Gluten. Und wer muss sich nun in Verzicht üben beim gemeinsamen Dinner? Keiner! Das Flax & Kale bietet Köstlichkeiten für Veganer und Pescetarier, hat auch viele gute glutenfreie Optionen und Rawfood-Spezialitäten. Letztere werden bei der Zubereitung auf maximal 48 °C erhitzt, so bleiben möglichst viele Nährstoffe erhalten. An zentralen Lagen im Barri Gòtic und Eixample gibt es zwei weitere Filialen von Flax & Kale – mit jeweils leicht verändertem, aber auch auf gesunde, angesagte flexitarische Küche ausgelegtem Konzept.

C. dels Tallers 74b | Metro: Catalunya | Tel. 9 33 17 56 64 | www.teresacarles.com/fk | Mo–Fr 9–23.30, Sa, So 9.30–23.30 Uhr | €–€€

② *Katalanisches vegetarisch und vegan*
TERESA CARLES E6

Wie wär's mit Avocado-Mango-Tatar an Algen-Kaviar? Lachstofu auf Pilzschaum an gegrilltem Spargel? Als Dessert dann Miso-Ingwer-Käsekuchen? Dieses hübsche Restaurant im Raval serviert vegetarisch-vegane Versionen katalanischer Küchen-Klassiker, lässt sich dabei auch schon mal von anderen mediterranen und asiatischen Gastro-Traditionen inspirieren. Köchin und Inhaberin Teresa Carles steht seit 1979 hinter den Herden ihrer diversen vegetarischen Restaurants – und schreibt nebenbei Kochbücher.

C. de Jovellanos 2 | Metro: Catalunya | Tel. 9 33 18 29 | www.teresacarles.com/tc | tgl. 9–23.30 Uhr | €–€€

MERIAN EMPFEHLUNG 3

③ *Fernöstliche Tapas*
DOS PALILLOS D6

Das »Zwei Stäbchen« wirkt wie eine entspannte Tapas-Bar mit fernöstlichem Flair. Auf einem Niveau, das sonst nur wenige westliche Köche erreichen, kreiert Albert Raurich japanische Speisen mit mediterranem Einschlag. Einst stand er bei Gourmet-Guru Ferran Adrià in der Küche, mittlerweile hat er sich den ersten eigenen Michelin-Stern erarbeitet. Gekocht wird vor den Augen der Gäste, die hier an einer Bar sitzen.

C. d'Elisabets 9 | Metro: Catalunya | Tel. 9 33 04 05 13 | www.dos palillos.com | Di, Mi 19.30–23.30, Do–Sa 13.30–15.30, 19.30–23.30 Uhr | €€–€€€

④ Katalanische Küche
PÒRTIC BOQUERÍA D7

Direkt am legendären Lebensmittelmarkt La Boquería bietet das Pòrtic Boquería vor allem regionale katalanische Küche. An der Bar im Erdgeschoss gibt es Frühstück, täglich wechselnde Tapas, Pintxos und andere kleine Snacks. Im ersten Stock lädt das Lokal dann in seinen lässig eingerichteten Speisesaal, auf den Tisch kommen hier vor allem viel Fisch und Meeresfrüchte.

Pl. de Sant Josep 13 | Metro: Liceu | Tel. 9 36 67 35 39 | www.porticboqueria.com | Mo, Di 8.30–18.30, Mi–Sa 8.30–22 Uhr | €–€€

⑤ Kreative Häppchen
ROBADORA D7

Coole Tapas-Bar im Gassengewirr des Raval. Serviert wird vor allem traditionelle, dabei aber kreativ interpre-

tierte mediterrane Küche. Für Abwechslung sorgen kleine kulinarische Exkursionen nach Südamerika (Ceviche) und Asien (Wok-Gerichte). Nach dem Dinner lohnt ein Blick auf die Cocktailkarte.

C. del Marquès de Campo Sagrado 27| Metro: Paral·lel | Tel. 9 32 52 96 39 | tgl. 18–1 Uhr | €–€€

Einkaufen

⑥ Altes und Einzigartiges
FUSTA'M D6

Verzauberter Vintage-Laden mit Möbeln und Accessoires vor allem aus den 1950er-, 1960er- und 1970er-Jahren. Alte Möbel werden von der Restaurateurin Lídia Matos bei Bedarf in der angeschlossenen Werkstatt überholt, Industriedesigner und Tischler Oriol Viñas entwickelt hier auch eigene, ganz neue Stücke. Wenn die beiden bei gemeinsamen Projekten ihre Kompetenzen bündeln, entstehen immer wieder spannende und unverwechselbare Stücke.

C. de Joaquín Costa 62 | Metro: Universitat | Tel. 9 31 65 10 22 | www.fustam.cat | Mo–Fr 10–14, 16–20 Uhr

Im Dos Palillos (s. S. 87) fusioniert asiatische Küche mit spanischer Tapas-Kultur.

⑦ Bunt und eigenartig
FANTASTIK D6

Barcelonas wohl bizarrste Boutique: In diesem »extraordinären Bazar« (Eigenbezeichnung) gibt es Kunst, Kitsch und Krimskrams aus der arabischen Welt, Indien, Iran, Mexiko, dem Senegal – sogar Produkte aus DDR-Restbeständen führt der knallbunte Laden. Neben vielen herrlich absurden Artikeln sind auch kleine Schätze zu entdecken.

C. de Joaquin Costa 62 | Metro: Universitat | Tel. 9 33 01 30 68 | www.fantastik.es | Mo–Fr 11–14, 16–20.30, Sa 11–15, 16–21 Uhr

⑧ Retro
LES TOPETTES D6

Durch diese äußerst charmante Boutique weht der Duft einer längst vergangenen Zeit – und das ist hier ganz wörtlich gemeint: In den Regalen stapeln sich Parfums, Pflegeprodukte und Kosmetika im Retro-Style, von Claus-Porto-Seifen bis hin zu exotischen Handcremes von Tokyo Milk. Sehr sinnlich, sehr nostalgisch!

C. de Joaquim Costa 33 | Metro: Sant Antoni, Universitat | Tel. 9 35 00 55 64 | www.lestopettes.com | Mo 16–21, Di–Sa 11–14, 16–21 Uhr

Das Stöbern lohnt sich bei Discos Paradiso. Neben viel elektronischer Musik findet man hier auch so manches Garage-, Post-Punk- und Alternative-Schätzchen.

⑨ *Alte und neue Scheiben*
DISCOS PARADISO D6

Plattenladen in einer der wohl szenigsten Straßen des ganzen Viertels. Discos Paradiso hat ein großes Angebot mit viel altem und neuem Vinyl, daneben gibt es CDs, DVDs und – tatsächlich noch, kaum zu glauben! – Musikkassetten. Viele verschiedene Genres, sehr gut sortiert.

C. de Ferlandina 39 | Metro: Sant Antoni | Tel. 9 33 29 64 40 | www.discosparadiso.com | Mo–Sa 11–21 Uhr

⑩ *Bilder und Objekte*
SIESTA D6

Künstler (aus aller Welt, die aber mittlerweile alle in Barcelona beheimatet sind) stellen in dieser wunderschönen Galerie-Boutique ihre Arbeiten aus. Zum Verkauf stehen Gemälde und Fotografien, Skulpturen und Schmuckstücke sowie Glas- und Keramikkunst.

C. de Ferlandina 18 | Metro: Sant Antoni | Tel. 9 33 17 80 41 | www.facebook.com/siesta.art.i.objectes | Di–Fr 11–14, 17–20.30, Sa 11–14 Uhr

⑪ Großartig nachhaltig
MUCHAFIBRA D7

Coworking für Modedesigner: Bei Muchafibra mieten junge Schneider und Gestalterinnen einen Arbeitsplatz – inklusive Nähmaschine, je nach Bedarf stundenweise, ein paar Tage oder mehrere Monate lang. Workshops vermitteln einfaches Näh-Know-how und fortgeschrittene Techniken, und mit sozialen Initiativen engagieren sich die Designerinnen für die Nachbarschaft. Die Kollektionen von Muchafibra-Gründerin Virginie Verrier kann man hier auch kaufen – manche Stücke wirken wunderbar verspielt, andere erforschen die Grenze zwischen sinnlich und seriös. Weitere Services: Maßanfertigungen und Änderungsschneiderei.

C. de Carretes 13 | Metro: Paral·lel | Tel. 9 35 66 51 57 | www.muchafibra.com | Mo–Fr 10–14, 16–20 Uhr

Abendgestaltung

⑫ Herrlich aus der Zeit gefallen
LONDON BAR D7

Zu den berühmtesten Gästen der 1909 eröffneten Künstlerkneipe gehörten Joan Miró, Pablo Picasso und Hemingway. Mittlerweile hat das modernistische Dekor gehörig Patina angesetzt, und Künstler von Weltruf sieht man hier heutzutage eher selten. Doch noch immer trifft sich ein sehr entspanntes Publikum in dem legendären Boheme-Lokal, getrunken wird wie eh und je vor allem Absinth. Was man hier auch gut machen kann: einfach mal ein paar Runden Pool spielen.

C. Nou de la Rambla 34 | Metro: Drassanes | Tel. 9 33 18 52 61 | tgl., oft bis 3 oder 4 Uhr

⑬ Piaf & Pastis
BAR PASTIS D7

Wer französische Chansons, Akkordeonklänge und Edith Piaf mag, wird diese winzige, charmante Bar lieben. Auf der Bühne spielt man neben Chansons auch Dixieland, Rumba, Swing und Tango. 1947 wurde das Lokal gegründet, genauso sieht es noch immer aus. Getrunken wird – natürlich – Pastis, außerdem Absinth.

C. de Santa Monica 4 | Metro: Drassanes | Tel. 6 34 03 15 27 | www.facebook.com/barpastisraval | Di–Mo 19.30–2.30 Uhr

EL BORN

Mittelalterliche Prachtbauten, hochkarätige Kunstmuseen, angesagte Bars, Boutiquen und Restaurants: El Born ist der wohl coolste Stadtteil Barcelonas. Für eine entspannte Auszeit vom Szene-Trubel kann man in den benachbarten Parc de la Ciutadella schlendern.

Von der Kathedrale aus sind es nur wenige Schritte, auch von der Pl. del Rei oder der Pl. de Sant Jaume: Nordöstlich des Barri Gòtic schließt El Born, die wohl **coolste Gegend der Stadt,** an. Das Viertel gibt sich schick und trendy – und längst nicht mehr so ungeschliffen wie andere Szenebezirke. Viele der mittelalterlichen Gassen sind gesäumt von Bars, Boutiquen, Cafés, Galerien und Restaurants. Fast an jeder Ecke gibt es etwas zu schauen, schnuppern und naschen, etwa die Pralinés der Pasteleria bubó, die wie kleine Kunstwerke gestaltet sind. Süße Träume werden auch im Dessertrestaurant Essence Espai Sucre und im **Museu de la Xocolata** wahr.

Gefühlt wirkt der geschichtsträchtige Born jedenfalls viel größer, als ein Blick auf den Stadtplan vermuten lässt. Über eine Fläche von nur wenigen Fußballfeldern erstreckt sich dieser Stadtteil – der streng genommen gar keiner ist, sondern zum größeren Viertel La Ribera gehört. Früher hätte man hier übrigens fast nasse Füße bekommen: Ursprünglich lag der Born direkt am Mittelmeer, erst ab Ende des 15. Jh. wurde neues Land gewonnen.

Auf dem einstigen Turnierplatz **Passeig del Born** tummelt sich heute viel Szenevolk; ein wunderbarer Ort für sonnige Tage und milde Nächte ist auch der angrenzende große Stadtpark **Parc de la Ciutadella.** Weit über die Grenzen des Stadtteils und der ganzen Stadt hinaus bekannt geworden sind das **Museu Picasso** und die gotische Kirche **Santa Maria del Mar.**

Das ehemalige Augustinerkloster ist zu einem Bürger- und Kulturzentrum geworden und beherbergt heute auch das Museu de la Xocolata (s. S. 101).

Nach Letzterer wurden übrigens der Bestseller »Die Kathedrale des Meeres« (von Ildefonso Falcones) und dessen gleichnamige Serien-Verfilmung benannt. Sein eigenes Kulturzentrum hat das Viertel mit dem **Centre de Cultura i Memòria** in der historischen Markthalle des Mercat del Born. Und noch zwei weitere Sehenswürdigkeiten liegen nordöstlich des Barri Gòtic, wenn auch nicht mehr in den historischen Grenzen von El Born: die hübsch sanierte Halle des **Mercat de Santa Caterina** und der pompöse **Palau de la Música Catalana** (Katalanischer Musikpalast).

Sehenswertes

1 SANTA MARIA DEL MAR E7

Als eines von ganz wenigen größeren Gebäuden der Stadt wurde diese Kirche konsequent im katalanisch-gotischen Stil errichtet (S. 26). Mit ihrer Grundsteinlegung durch König Alfons IV. im Jahr 1329 wollte man auch der Eroberung Sardiniens durch das immer mächtiger werdende Katalonien gedenken. Die Wände, Seitenkapellen und Fassaden wurden 1350 vollendet, bereits 1383 konnte das Gotteshaus eingeweiht werden – eine für die damaligen Verhältnisse sehr kurze Bauzeit.

Andere Kirchen des Mittelalters entstanden oft im Verlauf mehrerer Jahrhunderte, Architekten aus mehreren Generationen sorgten dann für eine Mischung verschiedener Einflüsse. Santa Maria del Mar weist dagegen einen hohen Grad an stilistischer Reinheit auf. Charakteristisch für die in Katalonien entstandene Variante der Gotik sind beispielsweise ihre **achteckigen Türme.** Die Westfassade gibt sich streng und nüchtern: glatte Wände, fast frei von Aussparungen und Verzierungen. Reich ornamentiert sind nur der gotisch geschwungene **Türbogen** und die riesige **Fensterrose** zwischen den beiden Türmen – auch hier zeigen sich klassische Merkmale der Epoche.

SEHENSWERTES

1 Santa Maria del Mar
2 Fossar de les Moreres
3 La Llotja
4 Centre de Cultura i Memòria/Mercat del Born
5 Parc de la Ciutadella 🚩
6 Fundació Foto Colectania
7 Museu de la Xocolata 🚩
8 Museu Picasso ⭐
9 Museu Europeu d'Art Modern
10 Monestir de Sant Pere de les Puelles
11 Mosaicos Barcelona 🚩
12 Palau de la Música Catalana ⭐

ESSEN UND TRINKEN

1 El Xampanyet 🚩
2 Essence Espai Suore
3 Cuines Santa Caterina

EINKAUFEN

4 Bubó
5 Casa Gispert
6 Mô Art Espai

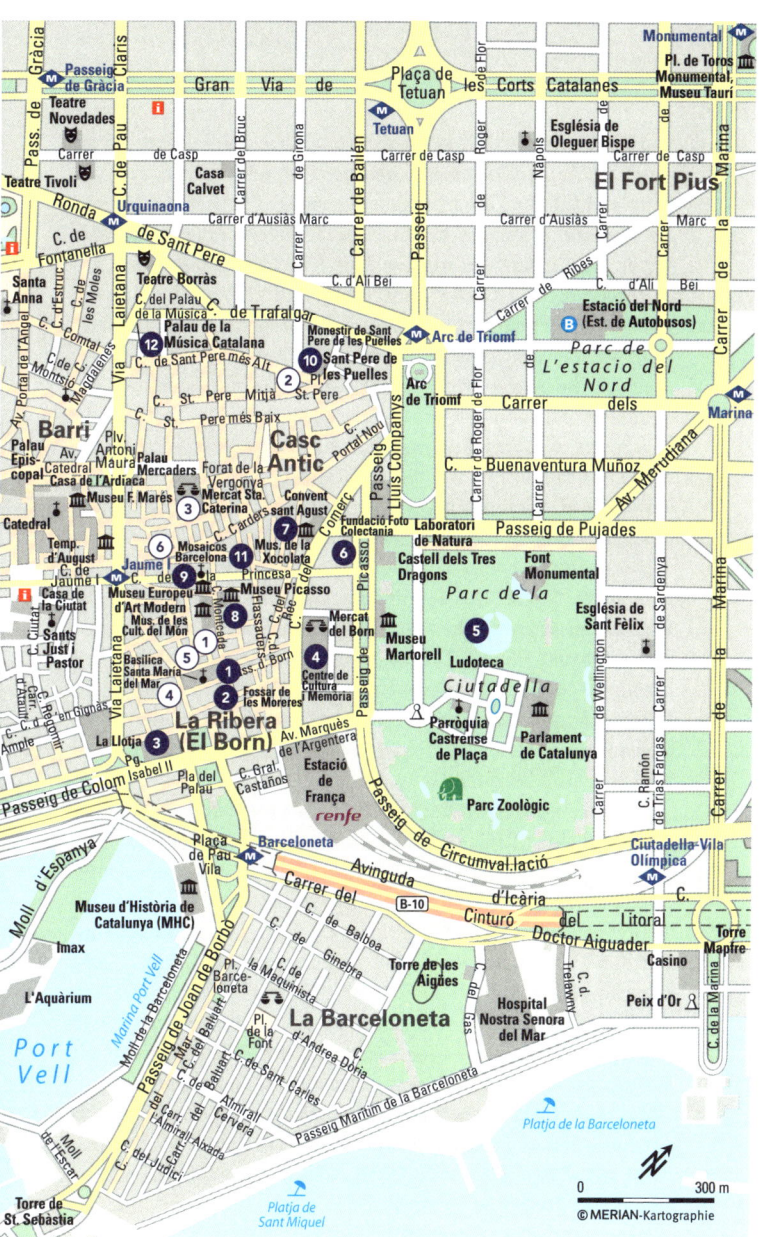

Erwähnenswert ist dazu die Dekoration der **Pforte.** Von ihren mächtigen Türen prangen die Darstellungen zweier gebeugter Männer, die schwere Gegenstände auf ihren Köpfen und Schultern transportieren. Diese bronzenen Plaketten würdigen den Einsatz der sogenannten *bastaixos.* Barcelonas Lastenträger, die sonst Schiffe am Strand entluden, schleppten die wuchtigen Steine für den Bau des Gotteshauses heran und leisteten so einen ganz entscheidenden Beitrag.

Auch die Angehörigen vieler anderer Gilden brachten Arbeitskraft und Wissen ein. Santa Maria del Mar sollte kein Prachtbau der Obrigkeit, sondern eine echte Volkskirche werden. Und tatsächlich hat das Gotteshaus diese Rolle bis heute beibehalten. Viele Einheimische fühlen sich ihm stärker verbunden als der Kathedrale im nahen Barri Gòtic. Seine Nähe zur einfachen Bevölkerung beweist es übrigens auch im wortwörtlichen Sinne: Das Gotteshaus steht nicht etwa – wie die meisten anderen Kirchen von vergleichbaren Ausmaßen – unantastbar und allein auf einem weiten Platz, sondern mitten im beengten Gassengewirr von El Born. Abstand zu den benachbarten Häusern wird kaum gewahrt; einen Ort, an dem man das ganze Gebäude aus einer gewissen Entfernung auf sich wirken lassen könnte, gibt es deshalb nicht.

Umso eindrucksvoller zeigt sich das Innere der Kirche. Nur vier achteckige Säulen stützen ihr **Gewölbe,** das sich über die stolze Breite von 13 m spannt – eine im Anbetracht des damaligen Stands von Architektur und Technik beachtliche Distanz. Weite Teile ihrer Einrichtung (etwa Altar und Chorgestühl) wurden 1936 zu Beginn des Bürgerkriegs zerstört. Heute wirkt der riesige Raum deshalb fast kahl, dadurch aber umso groß zügiger. Paradoxerweise macht nun gerade diese Leere seinen besonderen Reiz aus – vor allem spät nachmittags, wenn die tief stehende Sonne den weiten Innenraum in ein ganz besonderes Licht taucht. Auch die Akustik der Kirche gilt als hervorragend, was bei Konzerten unter Beweis gestellt wird. Weitere Hintergrundinfos über das Gotteshaus und seine Entstehungsgeschichte bieten der historische Roman »Die Kathedrale des Meeres« und seine gleichnamige Serien-Verfilmung (→ S. 208).

Der Fossar de les Moreres mit seinem Denkmal wurde auf einem Friedhof errichtet.

Pl. de Santa Maria 1 | Metro: Barceloneta, Jaume | Tel. 9 33 10 23 90 |
www.santamariadelmarbarcelona.org | Mo–Sa 9–20.30, So 10–20 Uhr |
Eintritt frei, manche Bereiche können aber nur im Rahmen kostenpflichtiger Führungen betreten werden

② FOSSAR DE LES MORERES E7

Unter einem kleinen Platz neben der großen Kirche Santa Maria del Mar liegen die **Gräber** von Menschen, die in den Jahren 1713/14 bei der Belagerung von Barcelona gestorben sind. Mehr als ein Jahr lang hatten Truppen des Bourbonenkönigs Felipe V. damals die Stadt umstellt, am 11. September 1714 kapitulierte sie. Anschließend verloren Barcelona und ganz Katalonien die vorher verbrieften Autonomierechte, die Region wurde fest in den spanischen Zentralstaat integriert. Das Datum gilt deshalb als entscheidender historischer Wendepunkt, vor allem auch für die Separatisten, die heute ein unabhängiges Katalonien fordern. Mittlerweile ist der 11. September katalanischer Nationalfeiertag – und der Fossar de les Moreres ein wichtiger **Gedenkort.**

Pl. del Fossar de les Moreres | Metro: Barceloneta, Jaume

Sehr gediegen und mit vielen Männerporträts an den Wänden: La Llotja.

❸ LA LLOTJA E7

Ein eindrucksvolles, ab 1380 errichtetes Gebäude, das in seiner bewegten Geschichte erst als Handelsplatz, Börse und Sitz des katalanischen Seegerichtshofs diente. Im Jahr 1771 wurde der ursprünglich gotische Bau dann radikal restauriert und klassizistisch umgestaltet, nur der Hauptsaal blieb weitgehend unangetastet. Später zog die **Königlich-Katalanische Akademie der Schönen Künste** ein, hier studierten Pablo Picasso und Joan Miró. Heute wird La Llotja von der städtischen Handelskammer genutzt. Besichtigungen der gotischen Innenräume sind nur nach telefonischer Voranmeldung möglich, einzelne Säle kann man auch für Veranstaltungen mieten.

Pg. d'Isabel II 1 | Metro: Barceloneta | Tel. 9 02 63 64 74 | www.casa llotja.com

❹ CENTRE DE CULTURA I MEMÒRIA/MERCAT DEL BORN E7

Elf Jahre lang wurde die **ehemalige Großmarkthalle** saniert, dann 2013 als Kulturzentrum und Gedenkort wiedereröffnet. Das Gebäude ist jetzt Schauplatz diverser Events, darunter

Fotoausstellungen, Tanzworkshops und Chocolatierkurse. Geprägt wird das Innere der herrlichen modernistischen Halle aber vor allem von einem 300 Jahre alten Ruinenfeld: 1714 war Barcelona durch Truppen des spanischen Bourbonenkönigs Felipe V. eingenommen worden. Um künftige Aufstände schon im Keim ersticken zu können, wollten die Besatzer eine mächtige Festung bauen. Doch erst mussten sie Platz schaffen für die zu jener Zeit größte Zitadelle Europas. Also wurden Hunderte schon damals historische Gebäude abgerissen, Tausende Menschen aus ihren Häusern vertrieben. Eilig baute man eine Barackensiedlung auf dem Gebiet des heutigen Stadtteils La Barceloneta; feste Steinhäuser für die Vertriebenen entstanden erst Jahrzehnte später. Die bei den Einheimischen verhasste Zitadelle wurde in der zweiten Hälfte des 19. Jh. geschleift, ab 1876 entstand hier der Mercat del Born. Als dessen Halle im frühen 21. Jh. saniert werden sollte, fand man schließlich die Ruinen der zerstörten Häuser – und integrierte sie ins Konzept des geplanten Kulturzentrums.

C. del Comerç, C. de la Fusina, C. Commercial, C. de la Ribera | Metro: Arc de Triomf, Barceloneta, Jaume I | elbornculturaimemoria.barcelona. cat | Okt.–Feb. Di–Sa 10–19, So 10–20, März–Sept. Di–So 10–20 Uhr | Eintritt ab 3 €, erm. 2,10 €

MERIAN EMPFEHLUNG

⑤ PARC DE LA CIUTADELLA E7

Einen würdigen Auftakt zu diesem 30 ha großen Volkspark markiert heute der maurisch geprägte **Triumphbogen** (Arc de Triomf) auf dem Pg. de Lluís Companys. Viele Einheimische betrachten ihn auch als Symbol für den Sieg der Stadt über ihre Geschichte: Die **Ciutadella,** zum Zeitpunkt ihrer Fertigstellung Europas größte Garnisonskaserne, war das verhasste Symbol der brutalen Unterdrückung durch die unerbittliche Zentralregierung in Madrid. Nachdem der Bourbonenkönig Philip V. das aufständische Barcelona 1714 im Spanischen Erbfolgekrieg eingenommen hatte, ließ er diese Zitadelle direkt am Rand der Altstadt errichten.

Für den Bau der Festung wurden 1200 teils historische Gebäude abgerissen, rund 4500 Menschen verloren ihre Wohnungen und Häuser. Die in der Ciutadella stationierten Truppen konnten jetzt jeden neuen Aufstand im Keim ersticken.

Erst während der zweiten Hälfte des 19. Jh. wurden die militärischen Anlagen geschleift – erhalten geblieben sind nur die **Kapelle,** der **Gouverneurspalast** und das **Arsenal,** heute Sitz des katalanischen Parlaments. Das wieder frei gewordene Gelände wurde dann in einen Park verwandelt, als Inspiration diente dem federführenden Architekten Josep Fontserè i Mestre der Pariser Jardin du Luxembourg. 1888 nutzte man die Fläche als Areal für die Weltausstellung, damals entstand auch der von Josep Vilaseca i Casanovas entworfene Arc de Triomf.

Danach avancierte der zentral gelegene Parc de la Ciutadella schnell zum Volkspark. Heute trifft hier hippes Szenevolk auf ältere Herrschaften im feinen Anzug. Man kommt zum Picknick, Spaziergang, Sonnenbad, um gemeinsam Musik zu machen oder ihr zuzuhören, etwa wenn Profimusiker (teilweise kostenlose) Konzerte geben. In der Mitte des Parks liegt ein See, am Ufer werden Boote vermietet. Eine ganze Reihe weiterer Sehenswürdigkeiten und Attraktionen sind über das Gelände verstreut.

Schon zur Weltausstellung von 1888 wurden die beiden gigantischen **Gewächshäuser** Hivernacle und Umbracle (von Josep Fontserè) gebaut. Auf Entwürfen von Modernisme-Meisterarchitekt Lluís Domènech i Montaner beruht die **Drei-Drachen-Burg** (Castell dels Tres Dragons). Viele Künstler haben die Grünanlage mittlerweile mit ihren **Skulpturen** geschmückt, darunter ein Denkmal für Walt Disney, ein steinernes Mammut in Originalgröße und eine Statue in Gestalt des Generals Joan Prim i Prats – er hatte einst den Abriss der alten Zitadelle beschlossen. Mitten im Park steht auch ein großes **Wasserspiel,** das von Josep Fontserè und dem ihm damals assistierenden, noch vollkommen unbekannten Antoni Gaudí entworfen wurde.

Pg. de Picasso, Passeig de Pujades (Eingänge) | Metro: Arc de Triomf, Barceloneta, Ciutadella-Vila Olímpica | tgl. 10–22.30 Uhr

Außen sehr orange, innen sehr süß: das Museu de la Xocolata.

⑥ FUNDACIÓ FOTO COLECTANIA F7

Barcelonas wohl wichtigstes Haus für **Fotokunst:** Mehr als 3000 Werke von Fotografen aus Spanien und Portugal hat die Stiftung zusammengetragen, der Schwerpunkt der Ausstellung liegt bei Arbeiten aus der zweiten Hälfte des 20. Jh. Mit ungewöhnlichen Perspektiven wird der Wandel beider Länder dokumentiert. Wechselnde Ausstellung; Fotofans können auch in der angeschlossenen Bibliothek recherchieren.

Pg. de Picasso 14 | Metro: Arc de Triomf, Urquinaona | Tel. 9 32 17 16 26 | www.fotocolectania.org | Di–Sa 11–20, So 11–15 Uhr, Hochsommer eingeschränkt, siehe Website | Eintritt 4 €, erm. 3 €

MERIAN EMPFEHLUNG

⑦ MUSEU DE LA XOCOLATA F7

Das Haus der süßen Träumer: Hier dreht sich alles nur um Schokolade. Wie wird sie hergestellt? Wie wächst ihre wichtigste Zutat, die Kakaobohne? Wie wirkt sie – als Nahrungsmittel, Arzneimittel oder Aphrodisiakum? Antworten auf diese und viele weitere Fragen gibt das Museu de la Xocolata. Auch **Schoko-Kunst** wird gezeigt, etwa essbare Nachbildungen von Fußballspielern (Messi), Comic-Helden (Asterix und Obelix) und Gaudí-Werken. Wer nicht nur schauen und naschen will, kann bei Workshops selbst zum Chocolatier werden.

Für die Geschichte der Schokolade spielt Barcelona übrigens eine ganz besondere Rolle. Als Christoph **Kolumbus** 1493 von seiner ersten Amerika-Expedition zurückkehrte, wurde er hier vom spanischen Königspaar empfangen. Mit im Gepäck hatte er damals angeblich auch ein paar Kakaobohnen – die ersten, die man in Europa je zu sehen bekam. Die alten amerikanischen Kulturen dagegen hatten schon vor 5000 Jahren Kakao angebaut; das von den Azteken geschätzte Kakao-Getränk Xocoatl kann man im Café des Museums probieren.

C. del Comerç 36 | Metro: Arc de Triomf, Jaume I, Urquinaona | Tel. 9 32 68 78 78 | www.museuxocolata.cat | Mo–Sa 10–19 (Sommer 10–20), So 10–15 Uhr | Eintritt 6 €, erm. 15 %

MERIAN TOP 10

 MUSEU PICASSO E7

Ohne Barcelona kein Pablo Picasso: Der Künstler, einer der berühmtesten des 20. Jh., lebte als junger Mann mehrere Jahre lang in der Mittelmeermetropole. Er studierte hier an der Kunstakademie (im heutigen Gebäude der Handelskammer, La Llotja), hatte hier seine erste eigene Ausstellung (im Künstlercafé Els Quatre Gats, → S. 73), fühlte sich der Stadt immer eng verbunden. Dass Picasso später nicht mehr dauerhaft zurückkehrte, hatte wohl auch politische Gründe – der linksliberale Künstler stand immer in Opposition zum faschistischen Franco-Regime. Mit dem Museu Picasso hat ihm Barcelona inzwischen ein eigenes Denkmal gesetzt, in gleich fünf benachbarte Stadtpaläste ist diese renommierte Institution gezogen.

Den Grundstock ihrer Ausstellung bildet die Sammlung von **Jaume Sabartés** – der in Barcelona geborene Bildhauer und Schriftsteller lernte Picasso schon 1899 kennen. Als Freund, Vertrauter und Privatsekretär blieb er ihm ein Leben

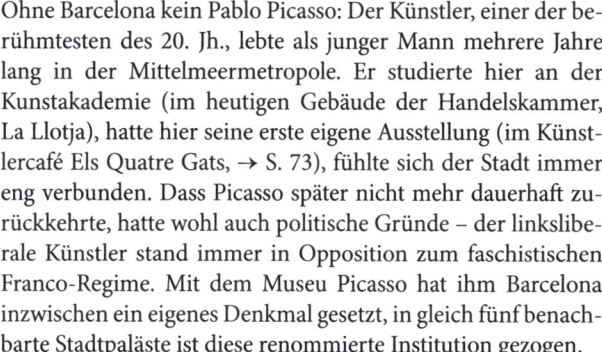

Der Schwerpunkt des Museu Picasso liegt auf dem zeichnerischen Frühwerk des Künstlers. Es sind aber auch Bilder aus späteren Schaffensperioden zu sehen.

lang verbunden. Ganze 574 Werke überschrieb Sabartés schließlich seiner Heimatstadt. 1970, sieben Jahre nach Eröffnung des Museums, steuerte der Künstler selbst weitere 1700 Arbeiten bei. Mit inzwischen 3500 Werken illustriert das Haus heute Picassos künstlerische Entwicklung. Und genau hier liegt auch das große Verdienst des Museums: Seine – vor allem den jungen Jahren bis 1917 gewidmete – Dauerausstellung folgt konsequent einer chronologischen Ordnung. Sie zeigt die ersten Schritte des Künstlers, der zuerst noch sehr realistisch zeichnete, dabei die etablierten Stile seiner Zeit kopierte. Vor allem Landschaften und Porträts malte Picasso, dessen Hang zum Abstrakten ab und an vorsichtig durchschimmert, dann immer mehr die Oberhand gewinnt.

In den hinteren Sälen erkennt man Picassos weiteren Reifeprozess – von der Blauen über die Rosa Periode bis zum Kubismus und der freien Kunst seiner letzten Jahre. Fast exzessiv erforschte er diverse Ausdrucksformen, um sich später ebenso extrem davon abzuwenden. Besonders eindrucksvoll ist der **Saal der »Meninas«** (Hoffräulein). Von einem gleichnamigen Gemälde, das Diego Velázquez schon 1656 gemalt hatte, war Picasso so fasziniert, dass er es eingehend studierte – und dann verschiedene eigene Variationen vorlegte. Picassos »Meninas« zeigen meist nur einzelne Ausschnitte aus der ursprünglichen Arbeit. Oft sind sie sehr abstrakt gehalten, der Bezug zu Velázquez ist auf den ersten Blick kaum erkennbar. Das Museum stellt alle 58 »Meninas«-Varianten aus – und gewährt so faszinierende Einblicke in die Arbeits- und Denkweise Picassos.

C. de Montcada 15–23 | Metro: Jaume I, Arc de Triomf | Tel. 9 32 56 30 00 | www.museupicasso.bcn.cat | Mo 10–17, Di, Mi, Fr–So 9–20.30, Do bis 21.30 Uhr | Eintritt 12 €, erm. 7 € (Dauerausstellung, Aufpreis für Sonderausstellungen)

⑨ MUSEU EUROPEU D'ART MODERN E7

In einem barocken Stadtpalast zeigt dieses Museum moderne Gegenwartskunst. Abstrakte Arbeiten wird man hier aber kaum finden, stattdessen viele **figürliche Skulpturen und Gemälde:** Entsprechende künstlerische Strömungen will die Fun-

Ausstellung zum chinesischen Realismus im Museu Europeu d'Art Modern.

dació de les Arts i els Artistes (Stiftung der Kunst und Künstler, sie betreibt das Museum) ausdrücklich fördern. Neben den Dauer- und Wechselausstellungen bietet das Museum Blues-, Jazz-, Swing- und Klassikkonzerte.

C. de la Barra de Ferro 5 | Metro: Jaume I | Tel. 9 33 19 56 93 | www.meam.es | Di–So 10–19 Uhr, Fr 18 Uhr Blueskonzert, weitere Konzerte an anderen Abenden in der Woche | Eintritt 9 €, erm. 7 €, Konzerte extra

❿ MONESTIR DE SANT PERE DE LES PUELLES F6

Von dem Nonnenkloster, das sich früher vor allem der Töchter der gehobenen Stände der Stadt annahm, ist hier nur noch die **romanische Kirche** übrig geblieben. Sie wurde mehrfach ergänzt, dann bei Ausschreitungen und Bränden wieder stark beschädigt, schließlich sorgfältig erneuert und restauriert. Der wunderschöne Bau steht an einem kleinen, hübschen Platz.

C. de Lluís el Piadós 1 | Metro: Arc de Triomf, Urquinaona | Tel. 9 32 68 07 42 | www.benedictinessantperepuelles.cat | Mo–Fr 9–13, 17–19.45, Sa 9–13, 16.30–18, So 11–13.15 Uhr | Eintritt frei

Der prächtige Palau de la Música Catalana – ein wenig des Guten zu viel?

⑪ MOSAICOS BARCELONA E7

Wichtige Modernisme-Bauten findet man in El Born so gut wie keine, mit Ausnahme der alten Großmarkthalle des Mercat del Born. Dafür kann man sich hier aber selbst als Modernisme-Künstler versuchen! Oder, besser gesagt, als Mosaik-Künstler: Die sogenannte **Trencadís-Mosaiktechnik** ist ein prägendes Stilelement vieler modernistischer Bauten. Dabei werden verschiedenfarbige Kacheln zerbrochen und ihre Scherben dann neu zusammengesetzt. Erfunden hat die Technik angeblich Antoni Gaudí – weil er mit den handelsüblichen Kacheln in Quadratform nicht viel anfangen konnte (→ S. 146). Einsteiger-Workshops für die Trencadís-Technik bieten jetzt die Mosaik-Meister von Mosaicos Barcelona.

C. dels Assaonadors 10 | Metro Jaume I | Tel. 9 32 95 57 17 | www.mosaiccos.com | Workshops Mo–Fr 10, 12.30, 15, 17, Sa 10, 12 Uhr, andere Zeiten auf Anfrage | 40 €/59 €/77 € für zwei, drei oder vier Stunden

⑫ PALAU DE LA MÚSICA CATALANA E6

Mit dieser Konzerthalle, entstanden zwischen 1905 und 1908, wurde der Modernisme auf die Spitze getrieben. Nicht wenige würden wohl sagen: Baumeister **Lluís Domènech i Montaner** – neben Antoni Gaudí einer der ganz großen Architekten seiner Epoche – habe die Dinge hier sogar mehr als überspitzt. Er habe sie übertrieben, überfrachtet, viel zu viel gewollt. Als der katalanische Jugendstil in den 1920er-Jahren wieder aus der Mode kam, gehörte der Palau de la Música Catalana jedenfalls zu den Gebäuden, deren Abriss am vehementesten gefordert wurde.

Dabei galt er ursprünglich als Stolz einer ganzen Stadt oder zumindest ihres Großbürgertums, das den Bau finanziert hatte. (Bis heute ist der Palau übrigens Treffpunkt der städtischen Eliten, die nicht selten noch immer aus genau den gleichen Familien stammen wie damals.) Schon das Exterieur des Baus ist reich ornamentiert, trotzdem vermittelt es nur erste Ansatzpunkte zum Verständnis der Kontroverse. Wer wirklich begreifen will, warum sich der Zorn späterer Generationen ausgerechnet am Palau entzündete, muss den einen oder anderen Blick ins Innere werfen. Denn für eine allzu experimentelle Fassade bot der eingeengte, architektonisch schwierige Standort im Altstadtviertel La Ribera einfach zu wenig Platz. Also entschied Lluís Domenech, das Interieur seines Musikpalasts umso prächtiger und prunkvoller zu gestalten. Hier wetteifern zahllose Details, Dekorationen und Ornamente um die Aufmerksamkeit des Betrachters: ein **Säulengang** mit Stützpfeilern, die zahllose kunterbunte Mosaike zieren, eine nicht weniger bunte **Glaskuppel**, voller Farben auch die Fenster, keine Scheibe gleicht der anderen. Dazu Büsten von Komponisten, Skulpturen der ihren Werken entstiegenen mythologischen Figuren, etwa der Wagnerschen Walküren. Optische Ruhepunkte sucht man vergeblich, der gesamte Palast ist ein einziger Angriff aufs Auge und so überladen modernistisch, dass selbst manche Liebhaber der Epoche dieses Bauwerk mit eher gemischten Gefühlen betrachten.

Im legendären Els Quatre Gats war der junge Pablo Picasso Stammgast.

PICASSO, MIRÓ, TÀPIES

Kreativer Nährboden

So richtig sesshaft ist er nie geworden. Er reiste viel, lebte in Paris, Madrid, Málaga, Cannes. Doch keine Stadt hat ihn so geprägt wie die katalanische Metropole am Mittelmeer: »Barcelona, die schöne und schlaue«, schwärmte **Pablo Picasso.** »Dort hat alles angefangen. Dort habe ich verstanden, wie weit ich kommen konnte.«

Ob Picasso tatsächlich schon in Barcelona begriff, dass er der wohl berühmteste Künstler des 20. Jahrhunderts werden würde? Zugegeben: Dass er talentiert war wie nur wenige andere, wird ihm hier auf jeden Fall klar geworden sein – vielleicht sogar schon 1895, im Alter von 14 Jahren. Picasso war gerade nach Barcelona gezogen. Er bewarb sich an der renommierten Kunstakademie **La Llotja** (→ S. 98), und zwar gleich für die höhere Klasse, die eigentlich nur Studenten im Alter von mindestens 20 Jahren offen stand. 24 Stunden wurden den Kandidaten für die Aufnahmeprüfung gegeben. Picasso, sagt man, bestand nach nur einer.

Ab 1898 ging er ein und aus im legendären Künstlercafé **Els Quatre Gats** (→ S. 73). Das Lokal war 1897 gegründet worden und avancierte schnell zum Treffpunkt junger avantgardistischer Künstler. Barcelona vibrierte damals vor Energie: Mit dem **Eixample** entstand ein ganz neuer Stadtteil, der eine kreative Spielwiese für den katalanischen Jugendstil, den **Modernisme** (→ S. 178) bot. Dessen Protagonisten waren radikale Erneuerer. Sie experimentierten mit neuen Methoden, suchten Inspiration in der Natur – und entfernten sich von den gefundenen organischen Formen bald wieder so weit, dass sogar der Weg für die abstrakte Kunst des 20. Jahrhunderts frei wurde.

Als ihr genialer Vordenker galt **Antoni Gaudí** (→ S. 84), neben ihm prägten aber noch rund 100 weitere Architekten die Epoche. Die Häuser, die sie entwarfen, waren bis ins kleinste ästhetische Detail durchdacht, reich ornamentiert, auch mit stilechten Möbeln mussten sie bestückt werden. Viel Arbeit also nicht nur für die Baumeister selbst, sondern auch noch für ein ganzes Heer von Gestaltern, Bildhauern und Handwerkern diverser Spezialisierungen. Die kreativen Traditionslinien, die diesem Nährboden entsprangen, setzen sich bis in die Gegenwart fort.

So wuchs der 1893 geborene Maler, Bildhauer und Grafiker **Joan Miró** (→ S. 130) in Barcelonas kreativem Klima jener Jahre auf. 1910 besuchte auch Miró die Kunstakademie La Llotja, neun Jahre nach Picasso. 1919 lernte er Picasso persönlich kennen, dessen kubistischer Stil zu einem wichtigen Einfluss wurde. Beide Künstler, Picasso und Miró, prägten dann – neben anderen – den 1923 geborenen **Antoni Tàpies** (→ S. 169), der es später ebenfalls zu Weltruhm als Maler, Bildhauer und Grafiker brachte.

Picasso, Miró, Tàpies: Alle drei sind in Barcelona mit je einem eigenen Museum vertreten. Dazu kommen die vielen Modernisme-Häuser und Museen, weitere Museen und Zentren für Gegenwartskunst, oft explizit aus Katalonien. Barcelonas Dichte an Kulturinstitutionen sucht heute ihresgleichen – und bietet so den Humus, auf dem jetzt neue Künstlergenerationen heranwachsen können.

Das Auge kommt nicht zur Ruhe im Palau de la Música Catalana (s. S. 107).

Sein Abriss steht natürlich nicht mehr zur Debatte, inzwischen hat ihn die UNESCO sogar ins Weltkulturerbe aufgenommen. Ursprünglich war die Konzerthalle für den renommierten Volkschor Orfeó Català gebaut worden, und noch immer gehört das Gebäude dem Chor, zu dessen illustrer Dirigentenreihe etwa der deutsche Komponist Richard Strauss zählte. Doch auch hochkarätige Symphonieorchester aus aller Welt geben ihre Gastspiele im Palau de la Música Catalana. Pro Jahr verzeichnet er rund eine halbe Mio. Besucher – die jetzt auch zu **Jazz-, Kammermusik- und Popkonzerten** kommen. Die Akustik des Hauptsaals, die früher auf Chormusik ausgelegt war, wurde mittlerweile angepasst. Ein zeitgenössisch wirkender Backsteinanbau aus den 1980er-Jahren komplettiert heute den Musikkomplex.

C. Palau de la Música 4–6 | Metro: Urquinaona | Tel. 9 32 95 72 00 | www. palaumusica.cat | Führungen u. a. auf Englisch und Spanisch tgl. 10– 15.30 Uhr, erweiterte Zeiten zu Ostern und im Hochsommer (55 Min., Start immer zur vollen und halben Stunde) | Eintritt 20 €, erm. 11–16 € (Rabatt bei mehr als drei Wochen vor dem gewünschten Termin)

Essen und Trinken

① *Weltberühmte Cava-Bar*
EL XAMPANYET E7

Die herrliche Wandkeramik würdigen wohl nur die wenigsten Gäste eines Blicks. Zu sehr sind sie damit beschäftigt, sich bis zur Bar vorzukämpfen. Obwohl dieses Kultlokal mittlerweile in fast jedem Reiseführer gelistet wird, hat es kaum etwas von seinem ursprünglichen Charme verloren: Auch die einheimischen Stammgäste lassen sich beim besten Willen nicht vertreiben. Man kommt für ein, zwei, drei Gläser Cava, isst dazu die einfachen, aber köstlichen Tapas – und zieht dann weiter.

C. de Montcada 22 | Metro: Jaume I | Tel. 9 33 19 70 03 | www. elxampanyet.es | Di–Sa 12–15.30, 19–23 Uhr | €

② *Süßes bis zum Umfallen*
ESSENCE ESPAI SUCRE E7

Der von Pâtissier Jordi Butrón geschaffene »Zuckerraum« ist ein echter Exot in der städtischen Gastroszene. Früher führte Butrón neben seiner renommierten Pâtissier-Schule ein Restaurant, in dem er nur Desserts servierte, diese aber als abend- und magenfüllende Menüs mit bis zu fünf Gängen. Nach seinem neuen Konzept gibt es jetzt sogar elf Gänge: Auf drei herzhafte Tapas folgen fünf Desserts und drei süße Tapas. Mit dem Nachtisch wie bei Muttern, sagt Butrón, hätten seine süßen Kreationen aber kaum noch etwas zu tun. Zucker, Sahne und Schokolade sollen andere Zutaten nicht ersticken, sondern dezent akzentuieren. Und so ergänzt der Pâtissier dann blonde Valrhona-Schokolade mit Ziegenkefir, Karamell, Eigelb, Lakritz und Minze. Oder die Edel-Schokosorte Guanaja mit Birne, Kaffee, Galanga und – ja, doch! - Schweineschmalz. Bewirtet werden pro Abend nur zwölf Gäste, die sich hier gemeinsam auf eine kulinarische Entdeckungsreise begeben.

C. de Sant Pere Més Alt 72 | Metro: Arc de Triomf | Tel. 9 33 15 10 22 | www.essence-espaisucre.com | je nach Jahreszeit Di, Do–Sa 21 Uhr, nur mit Reservierung | €€–€€€

Restaurant mit viel Flair: das Cuines Santa Caterina im Mercat de Santa Caterina.

③ *Entspannte Stimmung*
CUINES SANTA CATERINA E7

Vorräte lagern hier in den hohen Wandregalen des großen Speiseraums, an manchen Tischen sitzt man fast in der offenen Küche. Dieses lässige Restaurant punktet mit Marktflair, es ist in der Halle des hübsch modernisierten Mercat de Santa Caterina untergekommen. Es gibt Frühstück, Mittag- und Abendessen, asiatische und mediterrane Spezialitäten, zudem viele vegetarische Gerichte und Sushi. Tapas hat die Bar am Eingang. Die Cuines de Santa Caterina gehören zur Grupo Tragaluz, einer Institution in der städtischen Gastroszene, die noch viele weitere Restaurants betreibt – und für jedes ein ganz individuelles Konzept entwickelt hat.

Av. de Francesc Cambó 16 | Metro: Jaume I, Urquinaona | Tel. 9 32 68 99 18 | www.grupotragaluz.com/ restaurante/cuines-santa-caterina | So–Do 9–11, Fr, Sa 9–11.30 Uhr (Tapas-Bar; Lunch im Restaurant je nach Jahreszeit ab 12.30/13, Dinner ab 19.30 Uhr) | €–€€

Einkaufen

④ *Süßes, Häppchen und Drinks*
BUBÓ E7

Wer nur flüchtige Blicke ins Schaufenster dieses Ladens wirft, könnte ihn fast für eine hübsche, vielleicht etwas schrille Schmuckboutique halten: Sorgfältig arrangiert warten ebenso schicke wie kunterbunte Artikel auf ihre Käufer. Doch tatsächlich handelt es sich um ein – zugegeben: ziemlich extravagantes – Süßwarengeschäft! Carles Mampel (er gilt als einer der besten Pâtissiers des Landes und hat inzwischen sogar schon Lokale in Abu Dhabi und Tokio eröffnet) verkauft hier seine raffinierten Pralinékreationen. Nebenan serviert die bubó Bar auch herzhaftere Appetithappen sowie Alkoholisches.

C. de les Caputxes 10 | Metro: Jaume I | Tel. 9 32 68 72 24 | www.bubo.es | tgl. 10–21 Uhr

⑤ *Authentisch und einzigartig*
CASA GISPERT E7

Kulinarische Zeitreise: An herrlich altmodischen Delikatessenläden mangelt es in Barcelona bestimmt nicht, dieser gehört aber zu den besten – und ältesten! Aus dem Gründungsjahr 1851 stammt noch der Ofen, in dem man hier die Mandeln röstet und Obst dörrt. Auch dem langen Tresen und den riesigen Regalen ist das Alter deutlich anzusehen. Betörende Düfte verströmt das üppige Sortiment aus vielen verschiedenen Kaffees und Tees, Gewürzen und Nüssen sowie Schokoladen.

C. dels Sombrerers 23 | Metro: Jaume | Tel. 9 33 19 75 35 | www.casagispert.com | Mo–Sa 10–14, 16–20 Uhr

⑥ *Junges Handwerk im alten Gemäuer*
MÔ ART ESPAI E7

Ein wunderschönes Galeriegeschäft in mittelalterlichem Gemäuer. Verkauft werden meist von jüngeren Gestaltern aus der Gegend gefertigte Einzelstücke wie beispielsweise Schmuck, Textilkunst, Skulpturen, Drucke oder Bücher. Eine echte Fundgrube für schicke Mitbringsel!

C. de les Semoleres 5 | Metro: Jaume | Tel. 9 33 10 31 16 | www.moartespaibcn.com | Mo–Sa 11–20.30 Uhr

PORT VELL, BARCELONETA UND PORT OLÍMPIC

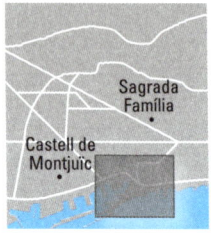

An der Wasserkante entwickelt sich Barcelona besonders dynamisch. Das alte Arbeiter- und Fischerviertel La Barceloneta ist zum Szenequartier geworden, die Tag und Nacht belebte Strandpromenade wird jetzt auf beiden Seiten von Hoteltürmen flankiert.

Natürlich, das Meer: Für viele Menschen liegt es hier fast vor der Haustür. Das Wechselspiel zwischen Stadt und Strand beherrscht Barcelona wie weltweit nur wenige Metropolen. Die Lage am Wasser hat schon traditionell immer eine wichtige Rolle gespielt. Erst schwang sich die katalanische Kapitale zum Zentrum einer bedeutenden Seemacht auf, später verhalf vor allem der Handel zu großem Reichtum. Mit dem Port Vell (Alter Hafen) liegt Barcelonas historische Schnittstelle zum Mittelmeer direkt am Ende der Rambles – dort, wo sich das Kolumbus-Denkmal in den Himmel reckt. Im alten Hafenbecken schaukeln heute Hunderte moderner Segeljachten, einen Eindruck vergangener Zeiten vermittelt nur noch der historische Dreimastschoner Santa Fulàlia. Parallel zur Hafenkante verläuft die **Moll de Fusta,** eine wunderschöne, mit Palmen gespickte Promenade, die für die Olympischen Spiele 1992 entstanden ist.

Nordöstlich des Port Vell schließt sich La Barceloneta an: bis vor wenigen Jahrzehnten ein vernachlässigtes Quartier, in dem vor allem Fischer, Fabrikarbeiter und Arbeitslose lebten. Die schmalen Gebäude verrotteten, das Viertel galt als zwielichtig. Auch hier brachte Olympia den entscheidenden Impuls, heute gehört La Barceloneta zu den gefragteren Wohngegenden.

Die »Costa Barcelona«, der Strand der Stadt, hat rund 4 km Sand und Meer an insgesamt zehn Abschnitten zu bieten. Einer der beliebtesten: Barceloneta Beach.

Auf gleich zwei Seiten liegt der Stadtteil am Wasser, im Südosten sogar am **Passeig Marítim de la Barceloneta.** Fußgänger, Radfahrer und Inlineskater bevölkern die beliebte Strandpromenade zu jeder Tages- und Nachtzeit. Metropole und Meer treffen hier so direkt aufeinander wie in nur wenigen Millionenstädten dieser Welt, der eine oder andere Abstecher in die engen Gassen von La Barceloneta lohnt sich trotzdem. Bis heute bietet das Viertel fast dörflichen Charme – und einige ausgezeichnete Fischrestaurants.

Noch weiter nördlich erheben sich die beiden Hochhaustürme des Port Olímpic. Früher war die Gegend ein Industriegebiet, heute ist der Stadtteil zum **Ausgehviertel** geworden: mit schicken Bars, Clubs, Restaurants – und ganz viel Meerblick.

SEHENSWERTES

1 Monument a Colom

2 Museu Marítim

3 Aeri del Port

4 Golondrinas

5 Santa Eulàlia ◉

6 Head

7 Museu d'Història de Catalunya

8 L'estel ferit ◉

9 Peix d'Or

ESSEN UND TRINKEN

1 1881 per Sagardi

2 Cal Pinxo Platja

3 Sal Cafe

4 Agua

Sehenswertes

➊ MONUMENT A COLOM D8

60 m hoch erhebt sich das Denkmal für Christoph Kolumbus am Ende der Rambles, von oben hat man eine herrliche Aussicht über den Alten Hafen (Port Vell). Die Säule mit der Kolumbus-Skulptur war für die **Weltausstellung** von 1888 errichtet worden – auch um Barcelonas Rolle bei der sogenannten Entdeckung Amerikas zu betonen. In der katalanischen Metropole (und angeblich sogar genau am heutigen Standort des Monuments) ging der 1493 frisch von seiner Entdeckungsreise zurückgekehrte Kolumbus an Land, hier wurde er wenig später auch vom spanischen Herrscherpaar, den sogenannten Katholischen Königen Ferdinand und Isabella, empfangen.

Am Sockel des Denkmals werden Szenen aus dem Leben des Entdeckers dargestellt. Ein Aufzug fährt bis zur **Panoramaplattform** am Fuß der Statue. Oben wartet ein beeindruckender Blick: Wer in Richtung Meer schaut, erkennt rechter Hand zunächst Barcelonas Hausberg Montjuïc. Etwas weiter links steht das 1999 eröffnete World Trade Center der Stadt, seine Form hat der US-Architekt Henry N. Cobb einem gigantischen Schiffsbug nachempfunden. Konkurrenz machen dem Gebäude auch immer wieder echte Ozeanriesen, die direkt nebenan bei den Kreuzfahrtterminals festmachen. Noch weiter links erhebt sich das 99 m hohe, vom katalanischen Architekten Ricardo Bofill gebaute W-Hotel. Zu seiner linken Seite erstreckt sich der Stadtteil La Barceloneta, hinter ihm erkennt man schließlich die beiden Zwillingstürme des Olympischen Hafens (Port Olímpic).

Doch wohin deutet eigentlich der ausgestreckte Arm des berühmten Seefahrers? Jedenfalls nicht, wie viele annehmen, in Richtung Amerika. Weitere oft geäußerte Vermutungen: Kolumbus würde nach Genua, also in Richtung seiner italienischen Heimatstadt, oder nach Indien, zum eigentlichen Ziel seiner Entdeckungsreise, zeigen. Doch auch diese Versionen sind falsch. Wahr ist wohl, dass man den Entdecker einfach nur aufs Meer hinausweisen lassen wollte.

Statuen am Fuße des Monument a Colom, dem Kolumbus-Denkmal.

Pl. Portal de la Pau | Metro: Drassanes | Tel. 9 32 85 38 34 | www. barcelonaturisme.com | tgl. 8.30–20.30 Uhr | Eintritt 5,40 €, erm. 3,60 € (Online-Preis, Tageskasse 6 €/4 €)

② MUSEU MARÍTIM D7

Zugegeben, auf den ersten Blick erscheint das flache Gebäude vergleichsweise unspektakulär. Mittelalterliche Bauten gibt es viele in Barcelona, und dieser hier wirkt doch eher geduckt. Doch was an Höhe fehlt, machen die mehr als 700 Jahren alten königlichen **Werfthallen** (Drassanes Reials) dann an Weite leicht wett. Und an historischer Bedeutung: Hier baute man einst die Kriegs- und Handelsschiffe, mit denen Barcelona große Teile des Mittelmeers kontrollierte, darunter die beeindruckende Kommandogaleere der Schlacht von Lepanto. Bei diesem gigantischen Seegefecht standen sich 1571 die Flotten einer christlichen Koalition und des osmanischen Sultanats gegenüber, mit insgesamt 450 Schiffen.

Heute beherbergen die Werfthallen das sehr sehenswerte Schifffahrtsmuseum Museu Marítim. Gezeigt werden eine maßstabsgetreue Rekonstruktion der gewaltigen Kommandogaleere, weitere Schiffe in Originalgröße, eine Sammlung alter Seekarten und Galionsfiguren, dazu zahllose detailgetreue

Modelle. Neben der Dauerausstellung gibt es wechselnde Sonderausstellungen zu verschiedenen Themen.

Av. de les Drassanes | Metro: Drassanes | Tel. 9 33 42 99 20 | www.mmb.cat | tgl. 10–20 Uhr | Eintritt 10 €, erm. 5 €

③ AERI DEL PORT C–E8

Kostenlose Panoramen hat Barcelona genug zu bieten. Kostenpflichtig, das Geld dabei aber wirklich wert ist die atemberaubende Aussicht bei einer Fahrt mit der Hafenseilbahn. Sie verbindet den Stadtstrand von La Barceloneta seit 1931 mit dem Hang des Montjuïc, dem kleinen Haushügel Barcelonas. Mehr oder weniger schwindelfrei sollte man schon sein: In teilweise deutlich mehr als 100 m Höhe gleiten die Gondeln über den Port Vell. Hinab geht der grandiose **Panoramablick** zum Hafenbecken, hinaus aufs Meer und über die Metropole.

Pg. de Joan de Borbó 88 (für die Fahrt ab La Barceloneta, weitere Einstiegsmöglichkeiten auf der Moll de Barcelona und am Hang des Montjuïc) | Metro: Barceloneta | Tel. 9 34 30 47 16 | www.telefericodebarcelona.com | Betriebszeiten je nach Jahreszeit ab 10.30/11 und bis 17.30/19/20 Uhr | einfache Fahrt 11 €, Hin- und Rückfahrt 16,50 €

④ GOLONDRINAS D8

Fast am Fuß des Kolumbus-Denkmals (→ S. 118) liegt der Anleger der Golondrinas (»Schwalben«). Die beliebten Ausflugsschiffe starten von hier aus zu **Rundfahrten** durch den Hafen (40 Min.) oder entlang der Küste (bis zum Port Fòrum und zurück, 90 Min.).

Moll de Drassanes | Metro: Drassanes | www.lasgolondrinas.com | Abfahrtzeiten variieren je nach Saison, aktuelle Infos siehe Website | Fahrt 7,70 €, erm. 2,80 €/6,50 € (Hafen), 15,20 €, erm. 5,50 €/12,40 € (Küste)

⬤ IM VORBEIGEHEN ENTDECKT

⑤ SANTA EULÀLIA E8

Schon die Römer be- und entluden an dieser Stelle ihre Boote, heute liegt – meistens – nur noch ein einziges Schiff direkt an der Moll de Fusta: Die »Santa Eulàlia« wurde im Jahr 1918 gebaut und 1997 vom Museu Marítim (→ S. 119) gekauft. Sie ankert im Port Vell, nur ein paar Gehminuten vom Museums-gebäude entfernt. Der wunderschöne **Dreimastschoner,** ein typisches Handelsschiff seiner Zeit, kann jetzt besichtigt wer-den. Manchmal verlässt er den Hafen auch für kürzere oder längere Ausfahrten.

Moll de Fusta | Metro: Barceloneta, Drassanes | Tel. 9 33 42 99 20 | www. mmb.cat | Ende März–Ende Okt. Di–Fr, So 10–20.30, Sa 14–20.30, Ende Okt.–Ende März Di–Fr, So 10–17.30, Sa 14–17.30 Uhr, Ausfahrten 10–13 Uhr | Eintritt 3 €, erm. 1 € (für Besucher, die nur das Boot besichtigen wollen. Im Ticket für das Museu Marítim ist der Eintritt bereits inbegrif-fen.)

❻ HEAD E7

Die Skulptur des US-Künstlers **Roy Lichtenstein** steht an der Schnittstelle von Via Laietana und Pg. de Colom. Sie entstand 1992, also pünktlich zu den Olympischen Spielen – und sym-bolisiert treffend das Selbstverständnis der Stadt: Sie gibt sich gleichzeitig modern und traditionell, international und patrio-tisch. So kann man Head zwar eindeutig als Pop Art klassifizie-ren. Mit einzelnen Stilelementen, etwa den Keramikmosaiken, spielt Lichtenstein aber auch geschickt auf Antoni Gaudí, Bar-celonas wohl berühmtesten Sohn, an.

Via Laietana/Passeig de Colom | Metro: Barceloneta

❼ MUSEU D'HISTÒRIA DE CATALUNYA E8

Lebensgroße Ritter sitzen hoch zu Ross, durch einen Türspion lassen sich neugierige Blicke in den Flur eines modernistischen Stadtpalasts werfen. Der originalgetreue Nachbau eines Schutzbunkers darf genauso betreten werden wie der Führer-stand einer historischen Trambahn. Mit solchen und vielen weiteren Exponaten, die historische **Alltagssituationen** aus diversen Epochen zeigen, erzählt das Museum Kataloniens be-wegte Geschichte. Die Dauerausstellung sorgt für Aha-Mo-mente, will immer wieder zeigen, wie einfache Bürger die großen historischen Momente erlebt haben. Nebenbei liefert sie dichte historische Hintergrundinfos auch zu aktuellen poli-

Vier Quader aus Glas und Metall, 10 m hoch: die Skulptur L'estel ferit.

tischen Konflikten, etwa dem Wunsch vieler Katalanen nach mehr Autonomie oder Unabhängigkeit.

Pl. de Pau Vila 3 | Metro: Barceloneta | Tel. 9 32 25 47 00 | www.mhcat.cat | Di–Sa 10–19, Mi 10–20, So 10–14.30 Uhr; viele Tage auch mit abweichenden Zeiten, aktuelle Infos siehe Website | Eintritt 6,50 €, erm. 4,50 €

◉ IM VORBEIGEHEN ENTDECKT

⑧ L'ESTEL FERIT E8

Eine Bauruine? Ein verfallener Kiosk? Gar ein Kunstwerk? Kaum ein Sonnenanbeter, der sich nicht über den schiefen Turm an der Strandpromenade wundert! Tatsächlich handelt es sich beim »Verletzten Stern« – so die deutsche Übersetzung des Namens – um eine Skulptur der deutschen Künstlerin **Rebecca Horn.**

Passeig Marítim de la Barceloneta | Metro: Barceloneta

⑨ PEIX D'OR G8

Ein echter Blickfang, vor allem wegen seiner verkupferten Oberfläche, die Licht je nach Stand der Sonne immer wieder anders reflektiert: Der 35 m hohe und 54 m lange »Goldfisch« wurde von US-Architekt **Frank Gehry** entworfen, im Inneren besteht die Skulptur aus Stein, Stahl und Glas.

Passeig Marítim de la Barceloneta | Metro: Ciutadela-Vila Olímpica

Essen und Trinken

① *Baskische Küche*
1881 PER SAGARDI E8

Vom vierten Stockwerk des Palau del Mar, einem alten Speichergebäude aus hellem Backstein und Sitz des Museu d'Història de Catalunya, bietet das Restaurant wunderbare Blicke über den Port Vell. Beste Plätze: natürlich auf der Dachterrasse. Gekocht werden baskische Spezialitäten, als Snacks gibt es *pintxos*, Tapas am Spieß. Viele Fisch-, aber auch Fleischgerichte.

Pl. de Pau Vila 3 | Metro: Barceloneta | Tel. 9 32 21 00 50 | www.gruposagardi.com/restaurante/1881-per-sagardi | tgl. 10–2, Küche 13–14 Uhr | €€

② *Erstklassiger Fisch*
CAL PINXO PLATJA E8

Ein in fünfter Familiengeneration geführtes Restaurant an der Promenade von La Barceloneta, das sich herrlich altmodisch gibt. Man isst vor allem Fisch, *fideuà* oder Paella, blickt aufs Meer und freut sich schon auf den anschließenden Strandspaziergang.

C. del Baluart 124 | Metro: La Barceloneta | Tel. 9 32 21 50 28 | www.pinxoplatja.com | tgl. 11–22 Uhr | €€

③ *Beach-Bistro*
SAL CAFE F8

Stylishes und doch entspanntes Lokal direkt am Strand. Unter den Füßen der Sand, über den Köpfen die Schatten spendenden Schirme, das Wellenrauschen mischt sich mit coolen Klängen. Auf den Tisch kommen Gerichte aus Asien, Brasilien oder dem Mittelmeerraum.

Pg. Marítim de la Barceloneta (nahe der T-Kreuzung zum C. d'Andrea Dòria) | Metro: Barceloneta | Tel. 9 32 24 07 07 | www.salcafe.com | tgl. 12–24 Uhr | €–€€

④ *Mediterrane Köstlichkeiten*
AGUA F8

Das Agua gehört zur Grupo Tragaluz, einer echten Institution in der städtischen Kulinarik-Szene. Tragaluz betreibt eine Reihe beliebter Restaurants, entwickelt dabei für jedes Lokal ein neues, eigenes Konzept. Hier: entspannte Stimmung, lässiges Dekor, Strandterrasse, katalanische Küche mit viel Seafood.

Pg. Marítim de la Barceloneta 30 | Metro: Ciutadela-Vila Olímpica | Tel. 9 32 25 12 72 | www.restaurante agua.com | So–Do 9.30–23.30, Fr, Sa 9.30–0.30 Uhr | €€

Das kommt mir gar nicht spanisch vor!

Una cerveza, por favor! Dónde está la playa? Mi nombre es ...
Vor der Reise noch das verstaubte Schulspanisch auffrischen:
Klar, das kann man machen, das macht vielleicht sogar Sinn.
Immerhin ist Barcelona die zweitgrößte spanische Stadt, die
spanische Sprache beherrscht hier natürlich fast jeder – von
Touristen und anderen Ausländern mal abgesehen.

Aber ganz so klar ist die Sache doch nicht. Man muss nur
ein bisschen genauer hinhören. Bei den Gesprächen der Einheimischen auf der Straße, am Arbeitsplatz und in den Schulen, bei den Programmen mancher Rundfunksender, auch bei
den Debatten im katalanischen Regionalparlament. Spanisch?
Nein, das ist hier tabu! Gesprochen wird – bitte schön – **Katalanisch, català!**

Und zwar in der ganzen Region, auch weiter südlich in Valencia und auf den Balearen, auch nördlich der Stadt in den
Pyrenäen, auch im Kleinstaat Andorra und im französischen
Grenzgebiet. Rund **11,5 Millionen Menschen** sprechen Katalanisch, doppelt so viele wie zum Beispiel Dänisch, Norwe-
gisch oder Finnisch. Viele von ihnen betrachten Katalanisch
als **Muttersprache**, die man selbstverständlich zu Hause, im
Gespräch mit Familie und Freunden nutzt. Spanisch? Klar,
geht den Katalanen meist genauso flüssig von der Zunge, wird
aber trotzdem oft als Zweitsprache angesehen.

Wichtig zu wissen: Català ist kein spanischer Dialekt, es
handelt sich um zwei eigenständige Sprachen. Wie auch Portu-
giesisch, Französisch oder Italienisch sind sie aus dem Vulgärlatein, also der Umgangssprache des Römischen Reichs, entstanden – weitgehend unabhängig voneinander. Zwar sind die
Ähnlichkeiten zwischen vielen katalanischen und kasti-
lisch-spanischen Wörtern unübersehbar. Die Unterschiede
aber auch: So leiten sich zahlreiche Begriffe im Spanischen
vom Arabischen ab, etwa *aceituna* (Olive), *alfombra* (Teppich)

oder *azafata* (Flugbegleiterin). Sie gehen zurück auf die lange Zeit, in der weite Teile des heutigen Spaniens von moslemischen Mauren beherrscht wurden. In Katalonien dagegen hatten sich die Mauren nur kurz gehalten. Hier war ihr kultureller Einfluss kleiner, dafür hat die französische Sprache unüberhörbar Spuren im Katalanischen hinterlassen. Und auch Wörter mit germanischen Wurzeln überlebten im *català* eher, etwa der Begriff *blau* für die im Deutschen genauso genannte Farbe (Spanisch: *azul*, Französisch: *bleu*).

Klar: Mit seinen rund 500 Millionen Sprechern ist Spanisch heute global gesehen die wichtigere Sprache. Im Mittelalter war das aber anders. *Català* galt als große Handels- und Kultursprache, einige der wichtigsten Werke der europäischen Literatur wurden auf Katalanisch geschrieben. Im 15. Jahrhundert vereinigten sich dann das katalanisch geführte Königreich Aragón und das Königreich Kastilien. Im so entstandenen spanischen Staat dominierte bald die kastilische Sprache. Von vielen Katalanen wird das moderne Spanisch übrigens bis heute als Kastilisch, *castellano*, bezeichnet.

Ramon Llull (1232–1316) war einer der bekanntesten katalanischen Dichter und Gelehrten des Mittelalters.

Català verlor an Bedeutung, wurde im 18. und 20. Jahrhundert sogar von der Zentralregierung in Madrid verboten – jedenfalls als Schriftsprache. Erst seit dem Ende der Franco-Diktatur in den 1970er-Jahren erlebt es eine neue Blüte, wird wieder aufgewertet und gefördert. Mittlerweile ist Katalanisch die offizielle Sprache auf Ämtern, in Schulen und Universitäten, an vielen Arbeitsplätzen. Zum Problem wird das für Spanier aus anderen Regionen – die nach einem Umzug im eigenen Land erstmal eine neue Sprache lernen müssen.

Katalanisch? Kastilisch? Spanisch? In Barcelona eine Frage, die schon mal zum Politikum wird. Im Alltag schalten die meisten Katalanen bei Bedarf aber doch ganz selbstverständlich auf Spanisch um, vor allem im Gespräch mit ausländischen Gästen. Nur Sympathiepunkte für das aufgefrischte Schulspanisch – die sollte man hier eher nicht erwarten.

MONTJUÏC

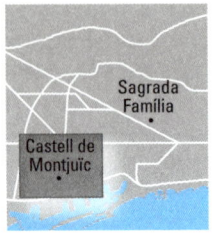

Barcelonas Haushügel gehört zu den beliebtesten Ausflugszielen der Bewohner der Stadt. Dabei bietet er nicht nur wunderbare Wanderwege, idyllische Picknickplätze und herrliche Panoramablicke – sondern auch eine Reihe eigener Attraktionen.

Er gilt als Hausberg Barcelonas, ist mit einer Höhe von 173 m aber eigentlich eher ein Haushügel. Noch bis ins frühe 20. Jh. war er weitgehend unbebaut, bis heute bietet er mehr Grün als Grau. Und viele Orte, die wunderbar weit blicken lassen: auf die Stadt, auf das von hier aus endlos erscheinende Mittelmeer. Inzwischen ist der »Jupiterberg« (oder »Judenberg«, da streiten sich die Spezialisten) aber auch selbst Standort einer Reihe nennenswerter Sehenswürdigkeiten. Viele entstanden für die Weltausstellung des Jahres 1929: etwa der **Estadi Olímpic** (Olympiastadion), der **Poble Espanyol** (Spanisches Dorf) oder der **Palau Nacional** – er beherbergt das Nationale Katalanische Kunstmuseum. Den nächsten Entwicklungsschub erlebte der Montjuïc zu den Olympischen Spielen von 1992. So wurde damals die emblematische, 136 m hohe **Torre Calatrava** an der Plaça d'Europa errichtet. Sportler der wichtigsten Disziplinen (Leichtathletik, Schwimmen, Turnen, Ballsportarten) trugen dann ihre Wettbewerbe hier oben, über den Dächern der Stadt, aus.

Obwohl jetzt also Teile des Bergs bebaut sind, vermittelt der Montjuïc noch immer den Eindruck, man befinde sich weit außerhalb der Stadt.

Die Telefèric de Montjuïc überwindet zwischen dem Parc de Montjuïc und dem Castell Montjuïc in 5 Min. einen Höhenunterschied von 84,5 m.

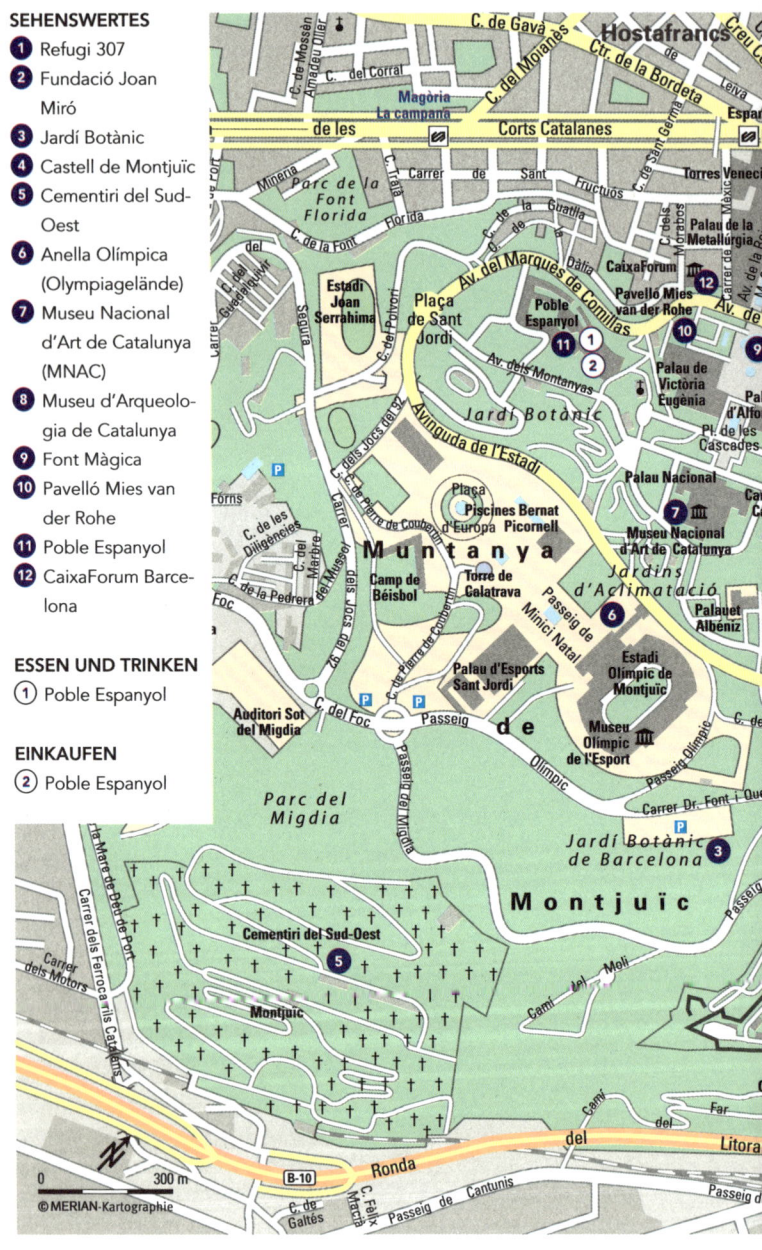

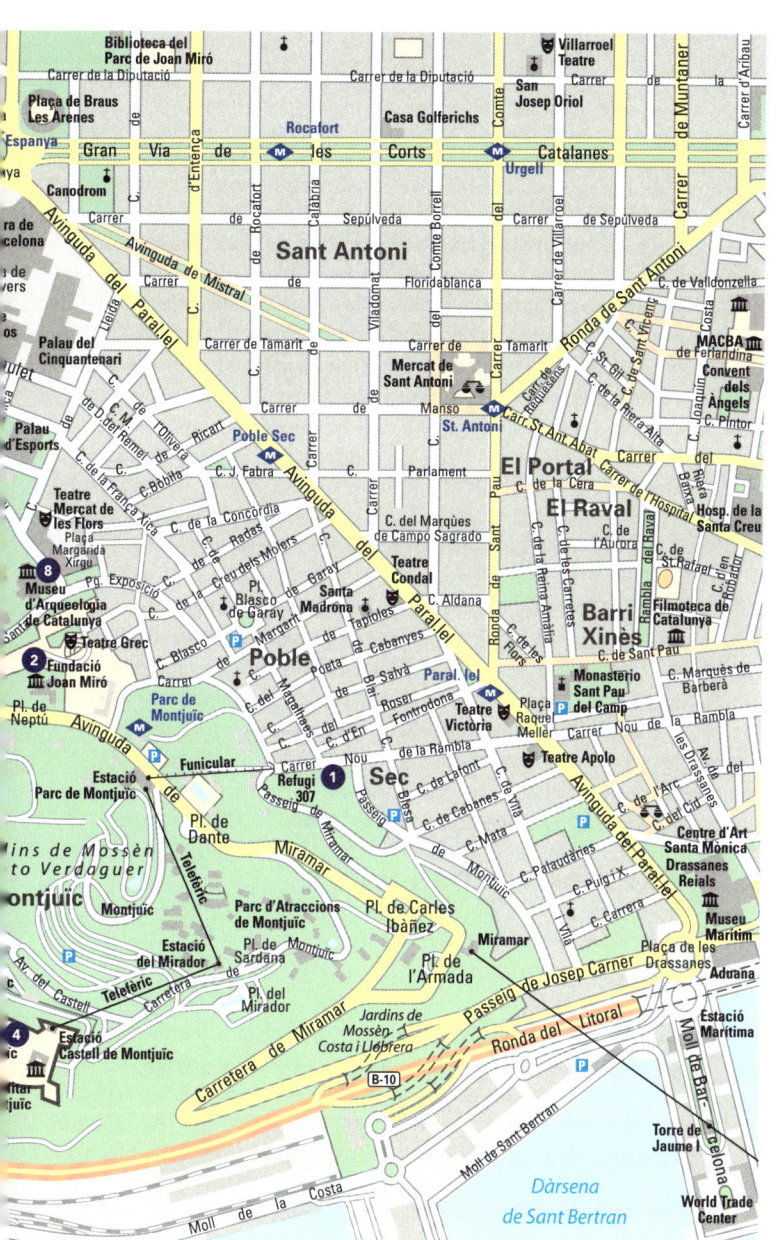

Sehenswertes

❶ REFUGI 307   C7

Bedrückend und beeindruckend: Dieser ehemalige Bunker am Fuß des Montjuïc lässt die Schrecken des Spanischen Bürgerkriegs wieder aufleben. General Francisco Franco hatte 1936 gegen die demokratisch gewählte Regierung Spaniens geputscht. In Barcelona sammelten sich die antifaschistischen Kräfte, neben Republikanern auch Kommunisten und Anarchisten. 192 Bombenangriffe flog Francos Armee ab 1937 allein auf Barcelona. Unterstützt wurde der General von den Diktaturen in Deutschland und Italien. Deren Luftwaffen machten – ebenfalls 1937 – die baskische Stadt **Guernica** dem Erdboden gleich. Weltbekannt wurde dieses Kriegsverbrechen vor allem durch das gleichnamige großformatige Bild von Pablo Picasso. In Barcelona flohen die Menschen anfangs noch in Keller und Metrostationen, später bauten sie mehr als 1000 unterirdische Schutzräume. Der schmale, tunnelförmige Bunker 307 wurde vom Museum für Stadtgeschichte (Museu d'Història de la Ciutat, MUHBA) für Besucher geöffnet.

Nou de la Rambla 175 | Metro: Paral·lel | Tel. 9 32 56 21 00 | www.museu historia.bcn.cat | besuchbar nur im Rahmen von Führungen, So 10.30 (Englisch), 11.30 (Spanisch), 12.30 Uhr (Katalanisch) | Eintritt 3,50 €

❷ FUNDACIÓ JOAN MIRÓ   B7

Joan Miró gehört zu den berühmtesten Söhnen seiner Stadt, 1983 starb er im Alter von 90 Jahren. Seine Werke sind gleich an mehreren Orten in Barcelona zu sehen, so beispielsweise im Parc Joan Miró, in der Casa de la Ciutat und auf der Pla de l'Ós. Einige der wichtigsten Arbeiten des Künstlers werden von der Fundació Joan Miró am Nordhang des Montjuïc gehütet. Viele der rund 11 000 hier gesammelten Stücke hat Miró noch selbst an die Stiftung übergeben. **Josep Lluís Sert,** ein mit dem Künstler befreundeter Architekt, zeichnet für das eigenwillige, 1975 eröffnete Gebäude verantwortlich.

Zu sehen sind hier längst nicht nur jene bizarr-bunten Skulpturen, Figuren und Formen, für die Miró so bekannt ist.

Die Fundació Joan Miró: Schon das Gebäude selbst ist äußerst sehenswert.

Das Museum gewährt neue, überraschende Einblicke, zeigt die große kreative Bandbreite des Künstlers. So experimentierte der junge Miró zwischen den Weltkriegen mit abstrakten Stilen. Er lebte damals in Paris, gehörte zur Avantgarde, war mit einflussreichen Kollegen wie **Max Ernst** und **Wassily Kandinsky** befreundet. Seinem Frühwerk, vor allem Zeichnungen und Gemälde, sind diese Einflüsse deutlich anzusehen.

Doch: Einen bestimmten Stil irgendwann als verbindlich betrachten? Das kam für Miró nie infrage. Gut möglich, dass ihn der französische Surrealismus-Theoretiker André Breton gerade deshalb als den »vielleicht surrealistischsten von uns allen« bezeichnete. Konsequenterweise wandte sich Joan Miró dann auch vom Surrealismus ab, wie zuvor schon vom Dadaismus und vom Kubismus. Seine weitere Entwicklung lässt sich beim Gang durch das Museum gut nachvollziehen. Highlights der Ausstellung stehen unter anderem im Skulpturenraum und auf der Dachterrasse – die auch einen fantastischen Blick über Barcelona bietet.

Das Castell de Montjuïc. Im Sommer verwandelt es sich in ein Open-Air-Kino.

Parc de Montjuïc | Metro (Funicular): Espanya, Parc de Montjuïc | Tel. 9 34 43 94 70 | www.fmirobcn.org | April–Okt. Di–Sa 10–20, So 10–18, Nov.–März Di–Sa 10–18, So 10–15 Uhr | Eintritt 13 €, erm. 7 €

❸ JARDÍ BOTÀNIC B7

Auf 14 ha zeigt der 1999 angelegte Botanische Garten vor allem **mediterrane Vegetation.** Wer weniger an botanischer Systematik interessiert ist und einfach nur einen grünen ruhigen Rückzugsort sucht, kann auch die benachbarten Anlagen und Parks besuchen.

C. del Doctor Font i Quer 2 | Metro: Espanya oder Paral·lel und weiter mit Funicular de Montjuïc | Tel. 9 32 56 60 02 | www.museuciencies.cat | tgl. 10–18, 19 oder 20 Uhr (ja nach Jahreszeit) | Eintritt 3,50 €, erm. 1,70 €; benachbarte Parks teilweise frei

❹ CASTELL DE MONTJUÏC B8

Vor dem Eingangstor wird man erstmal von zwei mächtigen Kanonen empfangen, die Geschosse zielen hinaus aufs Meer. Doch das bis 1779 sternförmig angelegte Kastell (es ersetzte damals eine ältere, schon 1640 eher provisorisch errichtete Festung) verteidigte Barcelona nicht nur gegen Feinde von außen. Die meisten Einheimischen sahen in ihm eher das Sinnbild spanisch-kastilischer Fremdherrschaft. Mehr als einmal wurde die Stadt vom Montjuïc aus bombardiert, allein 1842 mit mehr als 1000 Kanonenkugeln, die 20 bis 30 Menschen töteten und fast 500 Gebäude zerstörten.

Im 20. Jh. funktionierte das Franco-Regime die Festung dann zum **Gefängnis** um. Oppositionelle wurden hier hingerichtet, darunter hochrangige Politiker wie der ehemalige katalanische Regierungspräsident Lluís Companys i Jover. Trotz dieser düsteren Geschichte – oder vielleicht gerade im Gedenken an sie – lohnt sich ein Besuch der weitläufigen Befestigung. Mittlerweile wirkt das alte, von Efeu bewachsene Gemäuer ziemlich friedlich, fast verzaubert. Außerdem bietet es wunderbare Ausblicke, dient auch als Kulisse für Kulturevents und Ausstellungen. Ein neu konzipiertes **Infozentrum** erzählt von der Geschichte des Orts.

Ctra. de Montjuïc 66 | Metro: Paral·lel, weiter mit Funicular und Teleferic de Montjuïc | Tel. 9 32 56 44 40 | www.bcn.cat/castelldemontjuic | März–Okt. tgl. 10–20, Nov.–Feb. tgl. 10–18 Uhr | Eintritt 5 €, erm. 3 €

⑤ CEMENTIRI DEL SUD-OEST A8

Stille Würde strahlt der riesige, auch als **Stadt der Toten** bezeichnete Friedhof aus: Kaum jemand verirrt sich in diese entlegene Ecke am Südhang des Montjuïc. Wer durch das riesige Tor schreitet, ist in der Regel fast allein (abgesehen von den Friedhofswachen, die das Fotografierverbot konsequent durchsetzen). Wie viele spanische Friedhöfe unterscheidet sich auch dieser deutlich von seinen parkähnlichen mitteleuropäischen Pendants. Die Verstorbenen werden nicht begraben, sie finden ihre letzte Ruhe in mächtigen Mauern (die, daher die Bezeichnung als Totenstadt, fast an Gebäude erinnern).

Jeweils sechs Einschübe sind übereinander angeordnet, jeder bietet Platz für einen Sarg. Daneben liegt die nächste Reihe, und die nächste … In den längsten Mauern auf dem Cementiri del Sud-Oest liegen so mehrere hundert, wenn nicht gar tausend Tote. Verschlossen wird die Grabstätte mit einer Marmorplatte, die einem Grabstein gleicht.

Vor ihr bietet eine Art Schaufenster die Möglichkeit, der Verstorbenen zu gedenken: Viele Hinterbliebene haben Fotos aufgestellt, oft sind sie längst ausgeblichen. Andere Angehörige entscheiden sich für natürliche oder künstliche Blumen, für Heiligenbildchen, Puppen oder das Wappen ihres bevorzugten Fußballvereins.

Grünflächen fehlen auf dem Cementeri del Sud-Oest, nur Bäume stehen zwischen den Mauern. Die Straßen sind gepflastert, an den Kreuzungen stehen Verkehrsschilder; an Feiertagen verbindet sogar eine eigene Buslinie die verschiedenen Bereiche der Totenstadt. Erst vom höchsten Punkt des Friedhofs erschließt sich seine Größe – rund 150 000 Ruhestätten befinden sich auf dem Gelände. Und erst hier erhält man auch einen Eindruck von seiner erhabenen Lage: Im Süden erstreckt sich das endlose Mittelmeer, im Norden liegt den Verstorbenen die ganze Stadt zu Füßen.

C. de Mare de Déu de Port 56–58 | Metro: Paral·lel, dann weiter mit der Buslinie 21 | Tel. 9 34 84 19 99 | www.cbsa.cat/cementiris/cementiri-montjuic | tgl. 8–18 Uhr

❻ ANELLA OLÍMPICA (OLYMPIAGELÄNDE) B7

Gold, Silber und Bronze für den Montjuïc: Im Jahr 1992 schlug hier das Herz der Olympischen Spiele von Barcelona. Als **Olympiastadion** diente eine klassizistische Arena, die man schon zur Weltausstellung 1929 erbaut hatte. Sie wurde nun Schauplatz der Eröffnungs- und Abschlussfeier sowie der Leichtathletikwettbewerbe. Als weitere Spielstätte entstand für das Welt-Event nebenan eine moderne **Multifunktionsarena.** Komplettiert wurde das Ensemble durch den 136 m hohen **Torre Calatrava.** Der Telekommunikationsturm, dessen geschwungene Form an einen Fackelläufer erinnern soll, geht auf Entwürfe des spanischen Stararchitekten Santiago Calatrava zurück.

Parc de Montjuïc | Metro: Espanya oder Paral·lel und weiter mit Funicular de Montjuïc | Tel. 9 34 26 20 89 | www.estadiolimpic.cat

Das Museu Nacional d'Art de Catalunya besitzt neben vielen anderen Schätzen die wohl weltweit größte Sammlung romanischer Fresken.

❼ MUSEU NACIONAL D'ART DE CATALUNYA (MNAC) B7

Sein protziger Bau thront am Kopf einer breiten, von der Pl. d'Espanya den Montjuïc hinaufführenden Allee. Ursprünglich war der **Palau Nacional** (Nationalpalast) zur Weltausstellung 1929 gebaut worden, heute beherbergt er das Nationale Katalanische Kunstmuseum (MNAC). Neben vielen Stücken aus Katalonien, die das Herz der riesigen Sammlung stellen, werden Werke bedeutender Künstler aus Spanien und anderen europäischen Ländern gezeigt, beispielsweise von El Greco, Goya, Rubens, Velázquez und Zurbarán.

Die romanische Abteilung gehört zu den weltweit bedeutendsten ihrer Art, genauso sehenswert ist die Gotik-Sammlung. Stark vertreten sind auch verschiedene Richtungen der Moderne (Modernisme, Noucentisme, Avantgarde). Im späten 19. und frühen 20. Jh. erlebten Katalonien und seine Kultur eine neue Blüte, vor allem der **Modernisme** prägte die Metropole wie keine andere Epoche. Das MNAC hütet jetzt viele seiner Werke, es leistet so einen entscheidenden Beitrag zum Verständnis der Stadt. Wer das beeindruckende Museum besucht, kann sich Zeit nehmen: Die Eintrittskarte ist gleich zwei Tag lang gültig.

Parc de Montjuïc | Metro: Espanya | Tel. 9 36 22 03 60 | www.museu
nacional.cat | Mai–Sept. Di–Sa 10–20, So 10–15, Okt.–April Di–Sa 10–18,
So 10–15 Uhr | Eintritt 12 €, erm. 30 %

⑧ MUSEU D'ARQUEOLOGIA DE CATALUNYA B7

Erst kamen die Iberer, dann die Karthager, Griechen, Römer
und Goten: Viele Kulturen haben auf dem heute als Katalonien
bekannten Gebiet gesiedelt – und dabei reiche Spuren hinterlassen. Die Funde aus diversen Grabungsstätten zeigt dieses
Archäologiemuseum, das am Montjuïc in einem klassizistischen, ursprünglich für die **Weltausstellung** 1929 konzipier-
ten Gebäude untergekommen ist.

Pg. de Santa Madrona 39–41 | Metro: Espanya | Tel. 9 34 23 21 49 | www.
macbarcelona.cat | Di–Sa 9.30–19, So 10–14.30 Uhr | Eintritt 6 €, erm. 4 €

⑨ FONT MÀGICA B6

Mit 2,5 Mio. Zuschauern pro Jahr eine der beliebtesten Attraktionen der Stadt: Am Fuß des Montjuïc liefert dieser »Magi-
sche Springbrunnen« ein fantastisches **Musik-, Licht- und
Wasserspiel.** Früher hatte hier das Monument »Quatre Co-
lumnes« gestanden – vier große rote Säulen sollten die katalanische Nationalflagge symbolisieren. Diktator Miguel Primo
de Rivera ließ sie 1928 abreißen, an ihrer Stelle entstand dann
der rekordverdächtige Springbrunnen. 3000 Arbeiter wurden
aufgeboten, um den Font Màgica pünktlich zur Expo 1929 fer-
tigzustellen. Aus 3600 Düsen schießen bei den Shows jetzt
2600 l Wasser pro Sekunde, begleitet wird das Spektakel von
klassischer Musik und Film-Soundtracks.

Pl. de Carles Buïgas 1 | Metro: Espanya | www.bcn.cat/fontmagica | ein-
stündige Show, Beginn je nach Jahreszeit ab 20, 21 oder 21.30 Uhr, Do–
Sa, Juni–Sept. auch Mi und So, 7. Jan.–28. Feb. geschl. | Eintritt frei

⑩ PAVELLÓ MIES VAN DER ROHE B6

Er war kaum größer als ein Einfamilienhaus – und doch ein
architektonisches Ausrufezeichen, das bis heute nachwirkt.
Der Deutsche Pavillon für die **Weltausstellung** von 1929 hatte

Der Pavelló Mies van der Rohe gilt als eine Ikone der Architektur des 20. Jh.

keine andere Funktion, als die damals visionären Ideen der Moderne in Stahl, Glas und Marmor zu manifestieren. Es inspirierte Generationen von Architekten, sieht mit seinen klaren, einfachen Formen noch immer seltsam zeitgemäß aus. Auch die **Möbel** für seinen Pavillon entwarf der deutsche Architekt Ludwig Mies van der Rohe selbst, mit dem berühmten Barcelona-Sessel schuf er dabei einen weiteren Klassiker. Nach der Weltausstellung wurde das Bauwerk abgerissen, in den 1980er-Jahren aber als Pavelló Mies van der Rohe wieder aufgebaut. Aus heutiger Sicht ist wohl schwer zu verstehen, wie revolutionär der Pavillon ursprünglich gewirkt haben muss. Vielleicht hilft aber ein Blick auf den mächtigen Palau Nacional, der nur wenige Schritte weiter am Hang thront und das Nationale Katalanische Kunstmuseum (MNAC) beherbergt: Er wurde ebenfalls für die Expo 1929 gebaut – und könnte mit seiner pompösen, an die Renaissance erinnernden Architektur keinen größeren Kontrast bieten.

Av. Francesc Ferrer i Guàrdia 7 | Metro: Espanya (c 2) | Tel. 9 32 15 10 11 | www.miesbcn.com | tgl. 10–20 (März–Okt.) bzw. 10-18 Uhr (Nov.–Feb.), Abweichungen wegen privater Veranstaltungen möglich | Eintritt 5 €, erm. 2,60 €

⓫ POBLE ESPANYOL B6

Das »Spanische Dorf« (so die deutsche Übersetzung) bringt die Vielfalt der verschiedenen spanischen Regionen zusammen. Seine Architekten hatten einst das ganze Land bereist, dabei sammelten sie Beispiele der regionalen Bautraditionen. Pünktlich zur Weltausstellung 1929 schufen sie ein einzigartiges **Ensemble von 117 Gebäuden,** die sonst nirgendwo nebeneinander stehen: ein andalusischer Barockpalast aus Sevilla, das alte Rathaus aus Guadalajara, ein ehemaliges Hotel aus Valencia. Eigentlich sollte der Poble Espanyol nach wenigen Monaten wieder abgerissen werden. Nur weil das Dorf zum großen Publikumsmagneten der Expo wurde, ließ man es dann doch stehen – bis heute. In die alten Gebäude sind Kunsthandwerker gezogen, auch Geschäfte, Restaurants und Discos.

Av. Francesc Ferrer i Guardia 13 | Metro: Espanya | Tel. 9 35 08 63 00 | www.poble-espanyol.com | wechselnde Öffnungszeiten siehe Website | Eintritt 12,60 €, erm. 6,30–9 €, nachts nur 6,30 €

⓬ CAIXAFORUM BARCELONA B6

Schon der große Backsteinkomplex mit den Türmchen, Zinnen und gusseisernen Ornamenten ist ein echter Hingucker: Es erinnert an eine maurische Burg, wurde aber eigentlich als Textilfabrik gebaut – von Modernisme-Meisterarchitekt **Josep Puig i Cadafalch.** Bei seiner Fertigstellung 1911 galt er als besonders vorbildliches Industriegebäude mit modernem Brandschutz und großen Fenstern, die den Arbeitern hier viel Tageslicht schenkten. Trotzdem schloss die Casamarona-Fabrik, für die der Bau entstanden war, nur wenige Jahre später. Zwischenzeitlich stand das Gebäude leer, wurde als Lagerhaus genutzt, auch als Polizeiposten. Die Kulturstiftung der Sparkasse »la Caixa« ließ es schließlich vom japanischen Stararchitekten und Pritzker-Preisträger Arata Isozaki erweitern, eröffnete es dann 2002 neu als **Kulturzentrum.** Auf dem Programm stehen heute Ausstellungen, Konzerte, Debatten.

Av. Francesc Ferrer i Guàrdia 6–8 | Metro: Espanya | Tel. 9 34 76 86 00 | www.caixaforum.es/es/barcelona | tgl. 10–20, Juli, Aug. Mi bis 23 Uhr | Eintritt je nach Event

Man muss nicht bis nach Andalusien reisen: Flamencoshow im Tablao del Carmen.

Essen und Trinken

① *Spanische Vielfalt*
POBLE ESPANYOL B6
Nur ein paar Imbissbuden stehen auf dem Montjuïc, ansonsten ist er frei von gastronomischen Angeboten. Ausnahme: Mehrere Restaurants sind ins »Spanische Dorf« gezogen. An dessen zentraler Pl. Mayor serviert etwa das Albi vor allem katalanische Küche. Zum Abendessen mit Flamenco lädt das Tablao del Carmen in die Calle Cuna.
→ Sehenswürdigkeiten | Tel. 9 34 24 93 24 (Albi), Tel. 9 33 25 68 95 (Tablao del Carmen) | viele weitere Restaurants auch unter www. poble-espanyol.com

Einkaufen

② *Kunsthandwerk im »Dorf«*
POBLE ESPANYOL B6
Aus Glas, Gold, Silber, Eisen, Leder, Papier, Keramik und Textilien aller Art stellen die mehr als 30 Kunsthandwerker des »Spanischen Dorfs« teils traditionelle, teils experimentelle Stücke her. Viele von ihnen lassen sich gern bei ihrer Arbeit beobachten und geben ihr Wissen auch bereitwillig an neugierige Besucher weiter, die sich für das Handwerk interessieren.
→ Sehenswürdigkeiten | alle Kunsthandwerker auf www.poble-espanyol.com

GRÀCIA

Bis ins späte 19. Jh. war Gràcia noch ein eigenständiges Dorf, dann wurde das Gebiet der damals rasant wachsenden Metropole eingemeindet. Aber Gràcia gilt auch heute noch als Inbegriff für einen anderen, alternativen Lebensentwurf.

Wer vor allem klassische Sehenswürdigkeiten sucht, ist in Gràcia falsch. Gewiss, mit der Casa Vicens hat das Viertel immerhin noch ein Frühwerk von Antoni Gaudí zu bieten, und ganz an seinem Rand liegt dann der berühmte Park Güell. Doch dass Gràcia zu den gefragtesten Bezirken Barcelonas gehört, hat weniger mit seinen Bauten, Anlagen oder Monumenten zu tun. Nein, hier geht es vor allem um dieses andere, eigenwillige, ganz leichte **Lebensgefühl** – zu dessen Bühne Gràcias kleine Gassen und Plätze werden.

Noch bis in die frühen Nachmittagsstunden wirkt der Bezirk manchmal fast verlassen. Anders als unten in der Stadt, im touristischen Zentrum, lebt Gràcia noch im Takt des traditionellen spanischen Tagesrhythmus. In der ausgedehnten Mittagspause haben viele Geschäfte geschlossen, erst am späten Nachmittag, wenn die Menschen dann nach draußen strömen, wird es auf einmal richtig voll. Kein Fleck mehr, wo sie nicht gehen, stehen oder sitzen würden. Auf den Terrassen der Bars, Cafés und Restaurants flitzen die Kellner von einem Tisch zum nächsten, durch die Gassen wabert ein Geräuschteppich aus Straßenmusik und Stimmengewirr. Spanisch und Katalanisch, auch Englisch, Deutsch, Französisch, Italienisch, Russisch …

Von den ganz großen Touristenmassen ist Gràcia bisher verschont geblieben, wohl auch wegen der fehlenden Sehenswürdigkeiten. Trotzdem gibt sich das Viertel **multikulturell.** Vor allem Menschen, die mehr als nur ein paar Tage in Barce-

»Feuerläufer« sorgen für ausgelassene Stimmung bei der Festa Major de Gràcia.

lona bleiben – Studenten, Kreative, Digitalnomaden, – zieht es
ins ehemalige Arbeiterviertel. Neben dem quirligen Raval gilt
es als bevorzugte Wohngegend der internationalen Ex-
pat-Community, auch deshalb sind die Mieten in Gràcia zuletzt kräftig angestiegen.

Langzeitgäste aus diversen europäischen Ländern mischen
sich in Gràcia mit Gitanos, katalanischen Bohemiens und lateinamerikanischen Emigranten. Anders- und Querdenker,
Künstler, Lebenskünstler und Rebellen kommen seit jeher wegen des freien, alternativen Flairs im Viertel. Früher war es sogar ein unabhängiges Dorf, erst im späten 19. Jh. wurde Gràcia
der boomenden Metropole eingemeindet. Ein Verwaltungsakt,
der in Bewusstsein und Sprache vieler Gràcianos noch immer
nicht ganz angekommen ist: Wer runter ins Zentrum fährt,
fährt noch immer »nach Barcelona«. Als Verwaltungseinheit
umfasst Gràcia heute ein Gebiet, in dem mehr als 120 000
Menschen wohnen. Besonders lebendig gibt sich aber vor allem die deutlich kleinere **Vila de Gràcia,** der alte Kern des
einst eigenständigen Orts. Er dient auch als Bühne für Barcelonas größtes Stadtfest: Im August, bei der **Festa Major de Gràcia,** herrscht hier absoluter Ausnahmezustand. Archaische
Bräuche, folkloristische Figuren und prächtiger Straßen-
schmuck verwandeln Gràcia für ein paar Tage in ein echtes
Märchenland – das dann von 1,5 Mio. Menschen gefeiert wird.

Sehenswertes

❶ PLAÇA DE LA VILA DE GRÀCIA E4

Beliebter Platz mit vielen Bars, Cafés und Restaurants. Hier steht nicht nur das historische **Rathaus** von Gràcia, sondern auch ein 33 m hoher **Glockenturm,** der 1862 erbaut wurde – und als Wahrzeichen des Viertels gilt.

Metro: Fontana, Joanic

❷ PLAÇA DEL SOL E4

Hier werden die Abende schon mal laut, die Nächte regelmäßig lang: Bis in den frühen Morgen bevölkert ein buntes **Szenepublikum** den größten Platz von ganz Gràcia. Berühmt ist die Plaça del Sol (Platz der Sonne) für ihre große Sonnenuhr, eine üppig ornamentierte Bronzeskulptur.

Metro: Fontana, Joanic

◉ IM VORBEIGEHEN ENTDECKT

❸ PLAÇA DE LA REVOLUCIÓ DE SETEMBRE DE 1868 F4

Diesen Platz überquert man am besten mit gesenktem Blick: **Mosaike** im Asphalt zeigen Szenen von der Festa Major, Gràcias großem Stadtfest. Auch der Schriftzug »revolució!« liegt Passanten hier zu Füßen. Gemeint ist die Septemberrevolution von 1868, bei der Königin Isabel II. abgesetzt wurde – fünf Jahre später rief man dann die Erste Republik aus. Revolutionär bis rebellisch hat sich Gràcia immer wieder gegeben. So galt

SEHENSWERTES

❶ Plaça de la Vila de Gràcia

❷ Plaça del Sol

❸ Plaça de la Revolució de Setembre de 1868 ◉

❹ Centre Artesà Tradicionàrius ⚑

❺ Plaça de la Virreina

❻ Casa Vicens

❼ Park Güell ★

ESSEN UND TRINKEN

① Askadinya

② Cantina Machito

③ La Besnéta

ABENDGESTALTUNG

④ Old Fashioned

Jardins del Turó del Putget

0   300 m

©MERIAN-Kartographie

Vallcarca

Pge. de la Farigola

Turó Portell

Baixada de Briz

Park Güell

Baixada de la Glòria

Casa-Museu Gaudí

Carrer d'Olot

El Carmel

Carrer de Manacor

Carrer de Ferran Puig

C. de l'Escipió

C. d'Homer

C. dels Putget

C. de Maignon

Mercat Lesseps

Hospital de l'Esperança

C. d'Antequera

Carrer d'Escipió

C. de Ballester

Ronda del General Mitre

Carrer de

Pàdua

Pl. de Ventura Gassol

C. de Maignon

Avinguda de Sant Josep de la Muntanya

C. de la Mare de Déu de la Salut

Carrer de

Pl. de Sant Joaquim

Plaça de Lesseps

Travessera

de

Dalt

C. de la Gleva

C. de Saragossa

C. de la Valirana

Carrer de Verdi

Lesseps

C. del Cardener

Carrer de les

C. de Pérez Galdós

Gràcia

Carrer de St. Salvador

Torrent de l'Olla

Carrer de les Flors

Sant Gervasi

Pl. de Molina

C. Guillem Tell

Pl. de Mañé i Flaquer

Lluïsos de Gràcia

Pl. del Nord

C. de Martí

Torrent de l'Escorial

C. de Batcells

Plaça Molina

Avinguda del Princep d'Astúries

Casa Vicens

C. de Betlem

C. de Sta. Àgata

C. del Topazi

Viada

Pl. Rovira i Trias

C. de l'Alegre

C. de Martí

C. Bretón de los Herreros

Fontana

Carrer d'Astúries

Pl. del Diamant

C. de les Tres Senyores

Providencia

Augusta

C. de St. Eusebi

Rbla. del Prat

Centre Artesà Tradicionàrius

Pl. de la Virreina

la Legalitat

Gràcia

C. St. Marc

C. del Montseny

Gràcia

1 2

C. de St. Lluís

Parròquia de San Carlos Borromeo

C. de Ros de Olano

3

Torrent

C. del Terol

C. Ramon y Cajal

C. Romans

C. del Cigne

Mercat Llibertat

Pl. del Sol

Pl. de la Revolució de Setembre de 1868

C. d'en Joanic

Joanic

C. Pare Laínez

Pl. de la Llibertat

Travessera de Gràcia

Bodega E. Marín

Travessera de Gràcia

C. L. Antúnez

Pl. de la Sol Vila de Gràcia

C. de Siracusa

Pl. del Raspall

l'Eixample

Pl. Narcís Oller

Gran

Carrer de St. Miquel

Tordera

Carrer de Sant Antoni

M. Claret

Jove Teatre Regina

C. de Sèneca

Casa Fuster

C. de la Llibertat

C. del Perill

Flor

C. de Nàpols

Avinguda

Bonavista

Indústria

Nostra Senyora de Pompeia

Plaça de Joan Carles I

Casa Comalat

Carrer de Còrsega

C. de Còrsega

Roger

Parròquia San Ramon Penyafort

Diagonal

Corpus Christi

Rosselló

Carrer del Rosselló

Provença

Ptge. de la Concepció

Carrer del

Casa de les Punxes

Girona

Verdaguer

Carrer de Provença

Museu d'Història de la Medicina

Le Pedrera (Casa Milà)

Provença

Casa Macaya Fund. "La Caixa"

Iglesia Bíblica Ebenezer de Barcelona

La Dreta de

Casa Thomàs

Plaça Mossèn Jacint Verdaguer

Quadrat d'Or

Carrer de Mallorca

Museu del Clavegueram

143

das Viertel während der Franco-Diktatur als geistige Heimat oppositioneller Intellektueller, Künstler und Studenten; bis heute gibt es hier eine aktive Hausbesetzerszene.

Metro: Fontana, Joanic

9 MERIAN EMPFEHLUNG

❹ CENTRE ARTESÀ TRADICIONÀRIUS E4

Kulturzentrum für folkloristische Musik, vor allem aus Katalonien. Auf dem Programm bei Konzerten, Festivals und Workshops steht hier z. B. der **Rumba Catalana** – er mischt Flamenco mit afrokubanischen Rumba- und afroamerikanischen Rock-'n'-Roll-Rhythmen. Entwickelt wurde der explosive Mix in den 1950er-Jahren u. a. in Gràcia durch die Gitanos, also die iberischen Roma. International bekannt machte ihn in den 1980er-Jahren dann die Band Gypsy Kings.

Pl. Anne Frank | Metro: Fontana | Tel. 9 32 18 44 85 | www.Tradicionàrius.cat

❺ PLAÇA DE LA VIRREINA E4

Einer der schönsten kleinen Plätze des Stadtteils: Bäume spenden Schatten, man kann sich auf die Stufen der 1878 bis 1884 erbauten Kirche **Sant Joan de Gràcia** setzen. Manchmal treffen sich hier Swing-Fans zum Tanz unter freiem Himmel, manchmal verkaufen Straßenhändler ein buntes Sortiment aus Ramsch, Kitsch und Kunst.

Metro: Fontana, Joanic

❻ CASA VICENS E3

Diese prachtvolle, zwischen 1883 und 1888 erbaute Villa gehört zum Frühwerk von **Antoni Gaudí.** Mit starken byzantinischen, maurischen und persischen Einflüssen – die Fassade erinnert fast an einen orientalischen Märchenpalast – hebt sie sich stark von den meisten anderen Häusern des berühmten Baumeisters ab. Der Architekt Joan Baptista Serra Martínez erweiterte das Gebäude später, seine 1925 umgesetzten Entwürfe ließ er sich aber vorher von Gaudí persönlich genehmigen. Bis

2014 war das Haus noch bewohnt. Anschließend wurde es aufwendig restauriert, im Jahr 2017 dann für Besucher geöffnet. Mit verrenktem Hals kann man nun sein tropfsteinartiges Deckengewölbe bewundern, erstaunlich filigran sind auch die zahllosen Ornamente an Decken und Wänden. Wie andere Gebäude Gaudís wird die Casa Vicens heute als UNESCO-Weltkulturerbe gelistet.

C. de les Carolines 24 | Metro: Fontana | Tel. 9 35 47 59 80 | www.casa vicens.org | 1. April–14. Okt. tgl. 10–20, 15. Okt–31. März Mo 10–15, Di– So 10–19 Uhr | Eintritt 16 €, erm. 12–14 €

MERIAN TOP 10

⑦ PARK GÜELL F3

Im Grunde ist es eine Investitionsruine, die hier von der UNESCO zum Weltkulturerbe erklärt wurde. Eigentlich hatte **Antoni Gaudí** gar keinen Park anlegen, sondern ein exklusives Wohnviertel bauen wollen. Im Auftrag seines großen Freundes und Förderers, des Industriellen und später zum Grafen geadelten Eusebi Güell i Bacigalupi, sollte er eine Gartenstadt nach englischem Vorbild entwerfen. Damals, um die vorletzte Jahrhundertwende, lag das Gebiet noch am äußersten Rand der Metropole. Mindestens 60 prächtige Villen waren geplant. Zur Finanzierung des ehrgeizigen Vorhabens sollten die Häuser schon vorab veräußert werden.

Doch Gaudí und Güell hatten sich verkalkuliert, finanzstarke Investoren standen nicht gerade Schlange. 1914 wurde das Projekt eingestellt, drei Wohnhäuser und einige weitere Bauten waren da schon fertig. 1922 erwarb die Stadt dann das brachliegende Gelände, um es für ihre Bewohner zu öffnen. Am Parkeingang stehen zwei **Pavillons,** sie waren als Pförtnerhäuschen gedacht. Hinter ihnen führt eine große **Freitreppe** vorbei an den Skulpturen großer, mit bunten Mosaiken besetzter Echsen. Weiter oben liegt eine als Theater- und Versammlungsplatz geplante **Terrasse.** Sie bietet einen wunderbaren Blick auf Barcelona – und wird von der angeblich längsten Sitzbank der Welt eingefasst.

Trencadís: bunt und brüchig

Der Meister hatte ein Problem: Für das, was er bauen wollte, gab es gar kein Material! Von rechten Winkeln, geraden Linien und Symmetrien aller Art war **Antoni Gaudí** wenig begeistert. So hatte man schon seit Jahrhunderten gebaut, das musste er jetzt nicht auch noch nachmachen! Die neue Stilistik, die er und andere Architekten jener Zeit entwickelten, war vor allem von organisch-floralen Formen der Natur inspiriert. Also plante Gaudí bald mit Kurven statt Ecken, mit Biegungen statt Geraden, mit Wänden, die sich wellten und schlängelten.

Das Problem: Baustoffe, also Kacheln, Streben, Ziegel, wurden seit jeher rechtwinklig und geradlinig hergestellt. Sie fügten sich nur sehr bedingt in Gaudís kühne Visionen ein, andere Materialien waren aber kaum zu bekommen. Nun wäre der Meister kein solcher gewesen, wenn er für Probleme dieser Art nicht auch die passenden Lösungen parat gehabt hätte. Und die sahen dann manchmal verblüffend einfach aus.

Es fehlte an Kacheln, mit denen man gewundene Mauern auskleiden konnte? Von wegen: Gaudí bestellte einfach klassische quadratische in verschiedenen Farben, zerbrach sie zu Tausenden kleiner Scherben – und setzte sie an der Mauer als Mosaike wieder zusammen. Aufwendig, langwierig, mühsam? Ja, doch. Aber gleichzeitig auch neu, originell, ein Unikat. Angeblich hat Gaudí die Technik, Trencadís genannt, bereits in den Jahren 1884 bis 1887 bei den **Pavellons Güell** (→ S. 154), einem seiner ersten Projekte, angewendet. Nur gut, dass ihm sein Auftraggeber, der schwerreiche Industrielle Eusebi Güell, weitgehend freie Hand gelassen hatte, angeblich mit folgenden Worten: »Gib aus, was du willst! Hauptsache, es wird schön.«

Schön wurde es wirklich, ausgegeben hat Gaudí sicher eine ganz erhebliche Summe: Schon die Arbeitszeit der Handwerker, die die Kachelscherben Stück für Stück einsetzen mussten! Und die Pavellons Güell waren nur der Anfang, ein eher kleines Projekt. Auch bei weiteren Projekten arbeitete Gaudí

Eines der beliebtesten Fotomotive im Park Güell: Die berühmte Salamander-Fontäne von Antoni Gaudí erwartet die Besucher im Eingangsbereich.

jetzt mit der Trencadís-Technik, ganz besonders opulent setzte er sie im **Park Güell** (→ S. 145) ein. Die bunten Scherben-Mosaike schmücken hier große Drachenskulpturen und die angeblich längste Sitzbank der Welt. Andere Architekten griffen die Technik bald auf. Sie wurde zu einem charakteristischen Markenzeichen des **Modernisme**, prägt Barcelonas Stadtbild bis in die Gegenwart und wird noch immer gern von zeitgenössischen Künstlern übernommen: So steht am alten Hafen, dem Port Vell, die große Pop-Art-Skulptur »Head«. Verkleidet hat sie ihr geistiger Vater, der US-Amerikaner **Roy Lichtenstein,** mit bunten Mosaiken – eine Hommage an Antoni Gaudí, entstanden 1991, also mehr als ein Jahrhundert nach den Pavellons Güell.

Übrigens: Wer sich jetzt gern selbst einmal als Trencadís-Künstler versuchen möchte, kann bei den Mosaik-Meistern von Mosaicos Barcelona (→ S. 106) einen entsprechenden Workshop besuchen.

86 Säulen tragen die Decke der Sala Hipòstila im Park Güell (s. S. 145).

Links der Terrasse führt ein Weg zu Gaudís ehemaligem Wohnhaus: Der Architekt selbst lebte zwei Jahrzehnte lang – als einziger Bewohner – in der Gartenstadt, die rosafarbene Villa mit dem kleinen Türmchen hatte sein Schüler Francesc Berenguer i Mestres gebaut. Heute dient das Gebäude als **Gaudí-Museum,** es zeigt handgezeichnete Pläne und vom Meister selbst entworfene Möbel, teilweise aus der Casa Batlló und der Casa Milà.

Auf dem weitläufigen Areal des Parks gibt es noch mehr zu entdecken, etwa **Viadukte,** die eher an naturbelassene Grotten erinnern. Je weiter der Weg den teils steilen Hang hinaufführt, desto unberührter gibt sich das Gelände: Die Wege wirken wie in den Fels gehauen, Bäume, Sträucher und Kakteen wachsen scheinbar wild.

Parc Güell: C. d'Olot 7 | Metro: Lesseps | parkgüell.barcelona.cat | tgl. 8/8.30–18.15/20.30/21.30 Uhr (je nach Jahreszeit) | Eintritt 10 €, erm. 7 € (Die Parkverwaltung empfiehlt, Tickets für das kostenpflichtige Kerngebiet vorab online zu kaufen. Die Zahl der Tickets pro Tag/Zeitfenster ist limitiert.) | Casa Museu Gaudí: Park Güell, Crtra. del Carmel 23 a | Tel. 9 32 19 38 11 | www.sagradafamilia.org | April–Sept. 9–20, Okt.–März 10–18, 25./26. Dez., 1. und 6. Jan. 10–14 Uhr | Eintritt 5,50 € (erm. Kombitickets für Casa Museu Gaudí und Sagrada Família erhältlich)

Essen und Trinken

① *Arabische Speisen*
ASKADINYA E4

Mediterrane Küche bieten viele Restaurants, meistens mit Gerichten aus dem nordwestlichen Mittelmeerraum. Anders im Askadinya, das sich auf arabisch-palästinensische Speisen spezialisiert hat. Neben Klassikern (Falafel, Shawarma, Makluba) gibt es nahöstlich interpretierte Tapas und Burger.

C. de Verdi 28 | Metro: Fontana, Joanic | Tel. 9 33 68 50 77 | www.askadinya.com | tgl. 12–1 Uhr | €

② *Viva Mexico!*
CANTINA MACHITO E4

Echte mexikanische Küche bietet dieses hübsche Restaurant im schmalen C. de Torrijos. Von einem riesigen Gemälde blickt Frida Kahlo auf die Gäste, auch sonst hängt viel Kunst und Kitsch an den Wänden. Es kann sehr voll werden, eine gute Alternative ist ein paar Häuser weiter (C. de Torrijos 30) das ebenfalls mexikanische Chido One.

C. de Torrijos 47 | Metro: Fontana, Joanic | Tel. 9 32 17 34 14 | www.facebook.com/cantinamachito barcelona | tgl. 11–2 Uhr | €

③ *Süße Verführung*
LA BESNÉTA E4

Kuchen aller Art, natürlich Cookies und Brownies, aber auch Croissants, Cupcakes und Tiramisu: Das Besnéta gehört zu den besten Pâtisserien in Gràcia – und backt dabei vegan.

C. de Torrijos 37 | Metro: Fontana, Joanic | Tel. 9 34 15 38 39 | www.labesneta.com | Mo 10.30–17.30, Di–Sa 10.30–21, So 10.30–20 Uhr

Abendgestaltung

④ *Klassisches Ambiente*
OLD FASHIONED E4

Wer gezielt ein Lokal mit besonderem Ambiente sucht, sollte hier vorbeischauen. Die Lederbänke sind rot gepolstert, der Tresen ist in elegantem Schwarz gehalten, dahinter stehen Bartender mit Krawatte und Hosenträger: Die ganze Bar wirkt wie ein Relikt aus den 1920er-Jahren, nur die lange Cocktailkarte listet neben vielen klassischen Drinks auch einige Kreationen neueren Datums.

C. de Santa Teresa 1 | Metro: Diagonal | Tel. 9 31 86 20 10 | www.facebook.com/oldfashionedbcn | Di–Do 12–2, Fr 12–3, Sa 16–3, So, Mo 17–2 Uhr

ZONA ALTA

Raus aus der Altstadt, rauf auf den Berg: Lange Zeit weideten hier nur Ziegen, dann bauten schwerreiche Industrielle ihre pompösen Paläste an die Flanken des Tibidabo. Das bourgeoise Flair des späten 19. Jh. ist in der Zona Alta noch allgegenwärtig.

Sarrià, San Gervasi de Cassoles und Pedralbes – als Zona Alta, Oberstadt, sind diese und einige zusätzliche Viertel in Barcelona bekannt. Wobei der Name nicht nur geografisch gemeint, nicht nur auf die Lage der Stadtviertel am Hausberg der Stadt bezogen ist. Nein, er hat natürlich auch eine soziale Komponente: In der Zona Alta lebt Barcelonas gehobene Mittel- und Oberschicht.

Offiziell gehört San Gervasi de Cassoles erst seit 1897 zur Mittelmeermetropole, Sarrià wurde der Stadt noch viel später, 1921, zugeschlagen – gegen den erklärten Willen und Widerstand zahlreicher Einwohner. Beide Orte waren vorher kleine unabhängige Gemeinden gewesen. In ihrer Nachbarschaft stand das mittelalterliche Kloster Monestir de Pedralbes, ansonsten erstreckte sich hier nur weites Acker- und Weideland. Erst im späten 19. und frühen 20. Jh. wurde die Gegend dann rasant urbanisiert. Barcelonas Bourgeoisie setzte sich ab aus der Altstadt, die zu einem engen, stickigen und schmutzigen Moloch geworden war. Der **Tibidabo** lockte mit freien Flächen, wunderbaren Ausblicken, milderem Klima. Bald entstanden pompöse Landvillen und Stadtpaläste.

Sehenswert sind heute beispielsweise die **Pavellons Güell:** Antoni Gaudí plante diese Anbauten zu einer bestehenden Finca – als erstes kleines Projekt für seinen späteren Mäzen, den schwerreichen Industriellen Eusebi Güell. Auch an der vornehmen **Av. del Tibidabo** lassen sich die prächtigen Ge-

Die Kirche Sagrat Cor erhebt sich auf dem 512 m hohen Tibidabo.

bäude jener Epoche bis heute bewundern. Von ihrem oberen
Ende führt eine Serpentinenstraße weiter den Hang hinauf zur
Pl. del Doctor Andreu. Noch höher hinaus geht es mit der
Standseilbahn. Sie fährt bis zum 512 m hohen Gipfel des Tibidabo, auf dem die neugotische Kirche **Sagrat Cor** thront und
das wohl beste Barcelona-Panorama bietet. Seinen Namen ver-
dankt der Berg übrigens einer alten, auf die Bibel zurückge-
hende Legende: Angeblich sei Jesus Christus hier oben vom
Teufel höchstpersönlich in Versuchung geführt worden – und
zwar nach dem Matthäus-Evangelium mit den Worten: »Ich
werde dir geben …« (lateinisch: »Tibi dabo …«).

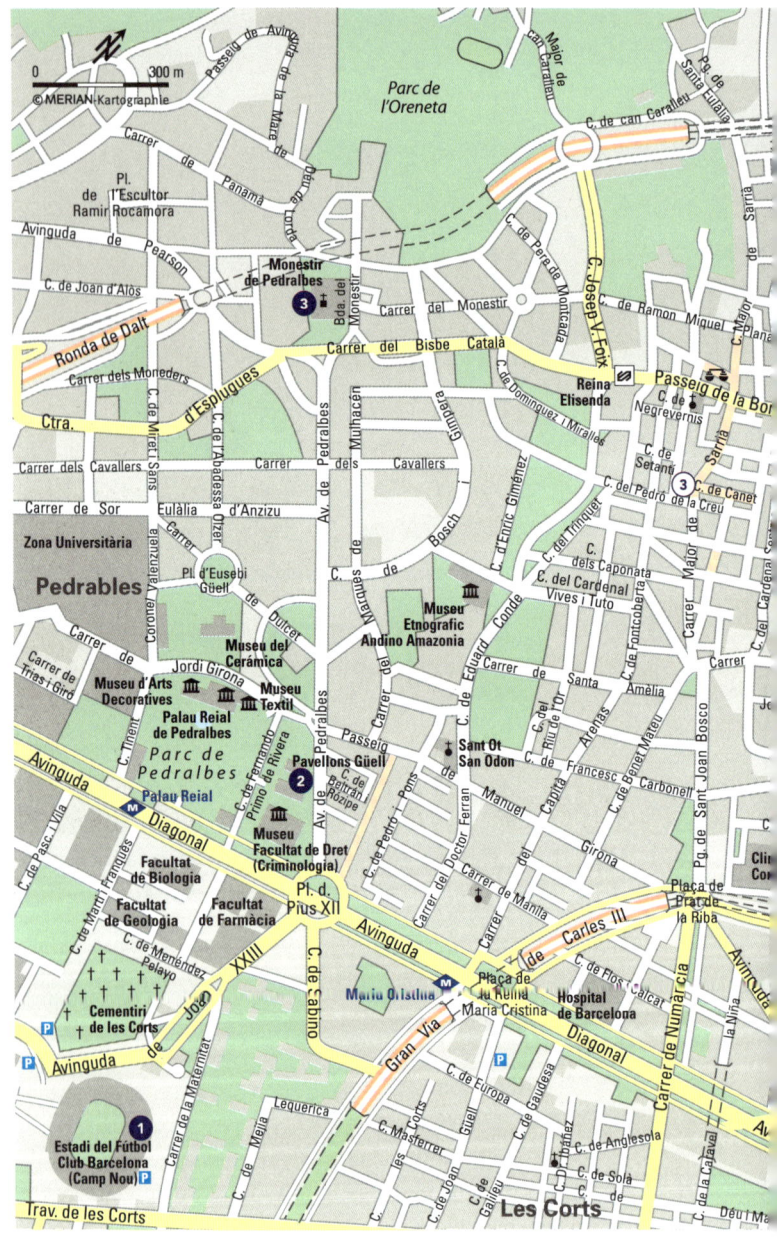

Parc de
l'Oreneta

© MERIAN-Kartographie
0   300 m

Passeig de Avinguda

Major de Carallan

C. de can Carallan

Pg. de Santa Eulàlia

Carrer de Panamà

Pl. de l'Escultor
Ramir Rocamora

Avinguda de Pearson

C. de Joan d'Alòs

Monestir
de Pedralbes
3

Ronda de Dalt

Carrer dels Moneders

Carrer del Monestir

Carrer del Bisbe Català

C. de Pere de Montcada

C. de Josep V. Foix

C. de Ramon Miquel

C. Major Plana

Reina
Elisenda

Passeig de la Bor

C. de
Negrevernis

C. de Domínguez i Miralles

Ctra.

d'Esplugues

C. de Mirasans

C. de l'Abadessa Olzet

Carrer dels Cavallers

Carrer

dels

Cavallers

Gimbera

C. de Setantí

3
C. de Canet

Carrer de Sor
Eulàlia

d'Anzizu

Av. de Pedralbes

de

C. de Mulhacén

Bosch

d'Enric Giménez

C. del Pedró de la Creu

C. del Trinquet

C. de
Pedró

Zona Universitària

Pedralbes

Pl. d'Eusebi
Güell

de Dulcet

Marquès

de

Conde

dels Caponata

C. del Cardenal
Vives i Tutó

C. de Fontcoberta

Carrer

Museu
Etnografic
Andino Amazonia

Carrer de
Trias i Giró

Carrer de
Coroleu

Jordi Girona

Museu del
Ceràmica

Museu d'Arts
Decoratives

Museu
Textil

Palau Reial
de Pedralbes

*Parc de
Pedralbes*

Palau Reial Ⓜ

Avinguda

Diagonal

Av. de Pedralbes

de Fernando Primo de Rivera

Pavellons Güell
2

C. de
Beltran
Rózpide

Museu
Facultat de Dret
(Criminología)

Passeig

Ponts

C. de Pere

C. de Eduard Conde

Carrer de Santa
Amélia

C. de
Riu de l'Or

Arenys

Joan Bosch

Sant Ot
San Odon

C. de Benet Mateu

Francesc Carbonell

Cli
Co

Facultat
de Biologia

Facultat
de Geologia

Facultat
de Farmàcia

Pl. d.
Pius XII

C. de Manuel

Girona

C. del Doctor Ferran

Carrer de Manila

Avinguda

de

Carles III

Plaça de
Prat de
la Riba

Plaça de
Numància

C. de Martí Franquès

C. de Menéndez
Pelayo

XXIII

C. de Gabino

Maria Cristina Ⓜ

Plaça de
la Reina
Maria Cristina

Hospital
de Barcelona

Diagonal

Cementiri
de les Corts

C. de Joan

C. de la Maternitat

Gran Via

C. de Flos i Calcat

Ⓟ

Avinguda

Lequerica

C. de Melia

C. de Numància

la Nina

Avingu

Estadi del Fútbol
Club Barcelona
(Camp Nou)
1

C. Masferrer

Les Corts

C. de Anglesola

C. de Sola

C. de Galileu

C. de Morales

Déu i Ma

Trav. de les Corts

152

Sehenswertes

10 **MERIAN EMPFEHLUNG**

❶ CAMP NOU A4

»Més que un club«, viel mehr als ein Verein, ist der **FC Barcelona** für viele Katalanen (→ S. 156). Und dann sind da natürlich noch Abermillionen Fans in aller Welt, die sich vom vielfachen Spanischen Meister immer wieder gerne verzaubern lassen. Kein Wunder also, dass die Menschen nicht nur an Spieltagen nach Camp Nou strömen. Europas größte Fußballarena (mehr als 99 000 Plätze) lässt sich auch im Rahmen geführter Touren besichtigen. Besucher dürfen dabei den sonst so heiligen Rasen betreten, neugierige Blicke in den Pressesaal und die Umkleidekabine der Gastmannschaft sind gestattet – tabu bleibt nur die Barça-Kabine. Absolut sehenswert ist auch das vereinseigene **Museum,** das zu den beliebtesten der Stadt gehört: Originale und Replikate aller je gewonnenen Trophäen werden hier wie Reliquien inszeniert, auf einem gigantischen Touchscreen kann man bei 200 historischen Momenten aus der Clubgeschichte mitfiebern. Wer sich statt für Fußball doch eher für Kunst begeistert, kommt ebenfalls auf seine Kosten: Zur Sammlung des Museums gehören sogar Werke von Dalí, Miró und Tàpies.

C. d'Arístides Mallol 12 | Metro: Badal, Collblanc, Les Corts, Palau Reial | Tel. 9 02 18 99 00 | www.fcbarcelona.com | Öffnungszeiten je nach Wochentag und Jahreszeit, an Spieltagen keine Touren, Museumsbesuch bis drei Stunden vor Anpfiff (Liga- und Pokalspiele) bzw. 15 Uhr (Champions League) | Eintritt ab 23 €, erm. 20 € (Preis bei Online-Buchung)

❷ PAVELLONS GÜELL A3

Der Beginn einer fruchtbaren Partnerschaft: Hier realisierte der spätere Stararchitekt **Antoni Gaudí** sein erstes Projekt für den schwerreichen Industriellen Eusebi Güell: Zwischen 1884 und 1887 ergänzte Gaudí die Finca Güells um einen Pferdestall und eine Einfahrt mit Mauer, Pförtnerhaus und Tor. Berühmt geworden ist vor allem das Tor, das eine schmiedeeiserne **Dra-**

Camp Nou ist das drittgrößte Fußballstadion der Welt und meist ausverkauft.

chenskulptur mit weit aufgerissenem Maul ziert. Die vergleichsweise bescheidenen Werke bildeten den Auftakt für eine Zusamemarbeit, aus der einige der beliebtesten Sehenswürdigkeiten Barcelonas hervorgehen sollten – darunter der Palau Güell und der Park Güell.

Av. de Pedralbes 7 | Metro: Maria Cristina, Palau Reial | Tel. 9 33 17 76 52 | www.rutadelmodernisme.com | (bei Redaktionsschluss wegen Restaurierung geschlossen, aber teilweise von der Straße aus einsehbar)

❸ MONESTIR DE PEDRALBES B2

Eines der schönsten Komplexe, die je im katalanisch-gotischen Stil gebaut wurden. Das große Kloster von Pedralbes wurde 1326 gegründet – und seitdem durch den Nonnenorden der Klarissen bewirtschaftet. Heute leben die Ordensschwestern in einem neueren Nebengebäude, weite Teile der historischen Anlage kann man besichtigen. Sehenswert ist neben der Klosterkirche, dem Kreuzgang und den ehemaligen Wirtschaftsräumen vor allem der idyllische **Innenhof.** Ganz friedlich plätschert hier ein Renaissancebrunnen, Bäume spenden Schatten,

FC Barcelona: viel mehr als ein Verein

Erst sind sie stumm, die Münder offen. Was dann passiert, muss man gesehen haben – ein kollektiver Ruck, der ihre Gesichter erfasst. Und plötzlich gibt es gar kein Halten mehr, wie von unsichtbaren Fäden gezogen springen die Leute auf. Aus Abertausenden Kehlen hallt ein Schrei durch die ganze Stadt: Tooor! Goooooool! Immer wieder: goool, goool, goool, goool, goooool!

Mit religiösem Eifer feiert Barcelona den gleichnamigen FC, kaum ein anderes Ereignis bringt die Menschen so sehr zusammen wie dessen Spiele. »**Més que un club**«, mehr als ein Verein, so heißt es, sei Barça, und man ist versucht, das für eine schamlose Untertreibung zu halten. Denn für Katalonien hat der FC Barcelona eine ähnliche Bedeutung wie der König für den Rest Spaniens: Er ist ein nationales Symbol. Messi, Piqué, Suárez, ter Stegen – so heißen die Mitglieder der inoffiziellen katalanischen Königsfamilie!

Zugegeben, mit Begeisterung begegnet man den heimischen Fußballvereinen auch in Köln, München und Dortmund, in Madrid, Mailand oder London. Aber kaum ein Club ist so mit der Seele seiner Stadt verwoben wie Barça. Und natürlich fällt es leicht, ihn zu feiern: Oft spielt er spektakulären Angriffsfußball, beweist technische Raffinesse, scheinbar endlose Folgen von präzisen Pässen – kein Wunder, dass dem Verein auch weltweit die Sympathien zufliegen.

Doch es geht hier nicht nur um eine perfekte Ballbeherrschung, es geht um viel mehr, und das nicht erst seit gestern. Als das autoritäre Franco-Regime zwischen 1939 und 1975 versuchte, die katalanische Sprache und Kultur so weit wie möglich auszumerzen, konnte man sich nur noch beim Fußball mehr oder weniger offen (regional-)patriotisch geben. An die Stelle der verbotenen Flagge Kataloniens trat für viele das Vereinswappen. Jeden Sieg ihrer Mannschaft gegen Real, den verhassten Hauptstadtclub aus Madrid, feierten die Fans wie einen Akt des Widerstands.

Dabei wäre der Verein schon 1936 fast untergegangen: Im Bürgerkrieg ermordeten Francos Schergen den Clubchef Josep Sunyol, das gesamte Team setzte sich nach Mexiko ab. Der Club erholte sich nur langsam von dem Schock, musste dann ab 1939 mit systematischen Benachteiligungen seitens des faschistischen Regimes klarkommen. So wurde den Spielern 1943 vor einem Match gegen Madrid bedeutet, dass es für ihre Gesundheit doch besser sei, sich geschlagen zu geben. Barça versuchte gar nicht erst, den Anschein zu wahren – und verlor mit 1:11 Toren so deutlich, dass jeder sehen konnte, was hier gespielt wurde.

> Mit fast 100 000 Plätzen ist Camp Nou das größte Fußballstadion Europas.

Auf Dauer ließ sich der Club aber nicht mehr bändigen, ab 1945 war er – neben Real Madrid – fast schon abonniert auf den spanischen Meistertitel. Und das trotz fortgesetzter Repressalien: Mal ging die Polizei mit brutaler Gewalt gegen Barça-Fans vor, und mal wurde ein Spiel gegen Real erst nach 100 Minuten abgepfiffen. Angeblich war die Uhr des Schiedsrichters stehen geblieben, das Siegtor für Madrid fiel in der 96. Minute.

Heute ist das Match Barça gegen Real zwar kein Hassduell mehr, aber noch immer ein mit viel Emotion aufgeladenes Highlight jeder Saison in der Primera División. **Camp Nou** (→ S. 154) ist dann stets ausverkauft. Ein Sieg im **Clásico**, dem sagenhaften Spitzenspiel, versetzt die Stadt in kollektive Euphorie, eine Niederlage stürzt sie in tiefe Trauer. Für viele Fans ist der Verlust von drei Punkten gegen Real fast schwerer zu verschmerzen als ein entgangener Meistertitel.

Zuletzt wurden die Matches gegen Madrid auch wieder politischer: »Independència!« – Raus aus dem spanischen Staat, ein freies Katalonien forderte die Mehrheit von fast 100 000 Fans lautstark. Camp Nou verwandelte sich in die Kulisse einer Großdemo, ganz wie in alten Zeiten. Denn der FC Barcelona ist eben, gestern wie heute: »més que un club«, viel mehr als ein Verein!

Innenhof des Monestir de Pedralbes (s. S. 155) mit dem zweistöckigen Kreuzgang.

in ihren Ästen singen die Vögel. Auch verschiedene **Sammlungen** von Kunstwerken, Keramikarbeiten, Kleidungs-, Möbel- und Schmuckstücken stellt das Kloster aus.

Baixada del Monestir 9 | Metro (Ferrocarriles): Reina Elisenda | Tel. 9 32 56 34 34 | monestirpedralbes.bcn.cat | April–Sept. Di–Fr 10–17, Sa 10–19, So 10–20, Okt.–März Di–Fr 10–14, Sa, So 10–17 Uhr | Eintritt 5 €, erm. 3,50 €, So nach 15 Uhr frei

④ AV. DEL TIBIDABO E2

Als echter Blickfang gilt fast jede der palastartigen **Villen** an dieser Prachtstraße, die steil den Hang hinaufklettert. Entstanden ist sie zur vorletzten Jahrhundertwende: Barcelona boomte damals, eine kleine Kaste Industrieller kam zu immensem Reichtum. Am Berg suchte sie Zuflucht vor der engen, stickigen Stadt, ihre Anwesen bauten hier die großen Modernisme-Architekten, etwa Josep Puig i Cadafalch, bekannt auch für den Palau de la Música Catalana, und Joan Rubió i Bellver (→ S. 30), ein Schüler von Antoni Gaudí. Vom unteren Ende der

Av. del Tibidabo bis hinauf zur Pl. del Doctor Andreu fährt die **Tramvia Blau,** eine historische Straßenbahn von 1901. Mit gerade mal 10 km/h zuckelt sie auf einer 1276 m langen Strecke den Hang hinauf – optimales Sightseeing-Tempo! (Seit Sommer 2019 wird die Tramvia Blau restauriert. Ab wann sie wieder fährt, stand bei Redaktionsschluss noch nicht fest. Ersatzweise wird die Strecke von einem Bus befahren.)

Av. del Tibidabo | Metro (Ferrocarriles): Av. Tibidabo

❺ COSMOCAIXA BARCELONA (MUSEU DE LA CIÈNCIA) D1

Ein spektakuläres Wissenschaftsmuseum für die ganze Familie. Mit vielen interaktiven Installationen richtet sich CosmoCaixa Barcelona an große und kleine Forscher. So haben die Macher des Museums auf rund 1000 m² einen überfluteten brasilianischen **Regenwald** nachgebildet. An einer 90 t schweren Felswand bestaunt man diverse geologische Schichten, entstanden in Jahrmillionen. Das angeschlossene **Planetarium** erklärt kosmische Phänomene, eine weitere Ausstellung spannt den ganz großen Bogen vom Urknall bis zu den ersten menschlichen Zivilisationen. Frei zugänglich ist ein sogenannter **Wissenschaftsplatz** unter offenem Himmel, hier laden weitere Exponate zu eigenen Experimenten ein. Das Wissenschaftsmuseum wird von einer Stiftung der Sparkasse »la Caixa« getragen. Sein verschnörkelter Altbau wurde von José Doménech i Estapá von 1904 bis 1909 im Modernisme-Stil als Blindenheim errichtet, 1979 und 2004 dann saniert und um Neubauten ergänzt.

C. de Isaac Newton 26 | Metro (Ferrocarils): Av. del Tibidabo | Tel. 9 32 12 60 50 | www.cosmocaixa.es/es/cosmocaixa-barcelona | tgl. 10–20 Uhr | Eintritt 5 €, unter 16 Jahren frei

❻ PARC D'ATRACCIONS DEL TIBIDABO D4

Auf dem Gipfel des Tibidabo steht seit dem Jahr 1901 dieser nostalgische Vergnügungspark. Manche Fahrgeschäfte erinnern an den Wiener Prater, stammen aus längst vergangenen Zeiten – etwa das **Riesenrad,** das **Karussell,** das **Flugzeug** sowie das wunderbare **Automatenmuseum.** Andere Attraktionen, etwa die **Achterbahn,** sind neueren Datums und bieten deutlich mehr Nervenkitzel. Zwischen den Fahrten bestaunt man immer wieder wunderbare Barcelona-Panoramen, direkt nebenan steht die Gipfelkirche Sagrat Cor.

Pl. del Tibidabo | Metro (Ferrocarriles): Av. del Tibidabo, dann weiter mit Tramvia Blau/Bus 196 bis Pl. del Doctor Andreu und von dort Funicular del Tibidabo. Oder direkter Shuttle-Bus T2A ab Pl. Catalunya | Tel. 9 32 11 79 42 | www.tibidabo.cat | Öffnungszeiten variabel, siehe Website | Eintritt 28,50 €, erm. 5,60–10,30 €, Besucher bis 89 cm Größe frei

11 MERIAN EMPFEHLUNG

7 **SAGRAT COR** D1

Das wohl beeindruckendste Barcelona-Panorama bietet die Gipfelkirche auf dem Tibidabo. Zu Füßen einer bronzenen **Christusstatue,** die mit ausgebreiteten Armen an ihr berühmtes Pendant in Rio de Janeiro erinnert, bewundert man einen weiten Ausblick auf die Metropole und das Mittelmeer. Der neugotische Stil des Sakralbaus wirkt fast mittelalterlich, tatsächlich wurde die Kirche aber erst 1961 fertiggestellt – von Josep Maria Sagnier, Sohn des Modernisme-Architekten Enric Sagnier, der die Arbeiten 1902 begonnen hatte.

Cumbre del Tibidabo | Anfahrt: wie Parc d'Atraccions del Tibidabo | Tel. 9 34 17 56 86 | www.templotibidabo.es | tgl. 11–20.45 Uhr | 3 € (für die Panoramaplattform, für die Kirche selbst frei)

8 **TORRE DE COLLSEROLA** D2

Er lässt weit blicken: Die öffentliche **Aussichtsplattform** dieses Telekommunikationsturms erhebt sich 560 m über den Meeresspiegel. Dabei hat der Turm selbst nur eine Höhe von 288 m. Gebaut wurde er auf einem 425 m hohen Nebengipfel des Tibidabo – pünktlich zu den Olympischen Spielen von 1992 von Stararchitekt **Norman Foster.**

Ctra. de Vallvidrera al Tibidabo | Anfahrt: wie Parc d'Atraccions del Tibidabo, von dort dann weiter zu Fuß | Tel. 9 34 06 93 54 | torredecollserola. com | Öffnungszeiten siehe Website | Eintritt 5,60 €

Essen und Trinken

① *Sternerestaurant des renommierten Küchenchefs Jordi Cruz*
ABAC E2

Angefangen hatte alles im szenigen El Born, mittlerweile ist das Abac an die vornehme Av. del Tibidabo gezogen: Auch hier speist man nun in sachlich-elegantem Ambiente. Zu dem Gourmetlokal – das bereits mit drei Michelin-Sternen und als bestes katalanisches Restaurant ausgezeichnet wurde – gehört jetzt ebenfalls ein kleines, aber sehr feines Fünf-Sterne-Hotel.

Av. del Tibidabo 1 | Metro (Ferrocarriles): Av. del Tibidabo | Tel. 9 33 19 66 00 | abacrestaurant. com | tgl. 13.30–15, 20.30–22 Uhr | €€€€

② *Auf dem Weg zum Tibidabo*
MIRABÉ E1

Perfekter Ort für ein mediterranes Romantik-Diner: Das Mirabé liegt auf halbem Weg zum Himmel (oder immerhin zum Hausberg Tibidabo). Hinter den riesigen Panoramafenstern erstreckt sich hier die endlos erscheinende Stadt – ein spektakulärer Anblick vor allem nach Sonnenuntergang! Noch bekannter und oft noch deutlich voller ist nebenan das Restaurant Mirablau, das sich später am Abend in einen Club verwandelt.

C. de Manuel Arnús 2 | Metro (Ferrocarriles): Av. del Tibidabo, dann weiter mit Tramvia Blau/Bus 196 oder Taxi | Tel. 9 34 18 58 80 | mirabe.com | So–Do 13–16.30, 19.30–24, Fr–Sa 13–16.30, 19.30–2 Uhr | €€

Einkaufen

③ *Himmlische Delikatessen*
FOIX DE SARRIÀ C2

Legendäre, bereits 1886 gegründete Pâtisserie, die neben großartigen Tortenkunstwerken, himmlischen Pralinés und Petits Fours auch Brot und Käse, Wein und Cava verkauft. Das Foix de Sarriài ist eine echte Institution – und der perfekte Ort, um kulinarisch anspruchsvolle Mitbringsel für die Freunde daheim zu kaufen.

C. Major de Sarrià 57 | Metro (Ferrocarriles): Sarrià | Tel. 9 32 03 07 14 | www.foixdesarria.com | tgl. 8–21 Uhr

EIXAMPLE

Ein neuer Stadtteil doppelt so groß wie das bisherige Barcelona: Als im späten 19. Jh. der Eixample entstand, begann ein beispielloser Bauboom. Die Architekten jener Epoche hatten visionäre Ideen, radikaler als alle anderen plante der geniale Antoni Gaudí.

Hauptschlagader, Schaufenster, Prachtmeile: Mit dem noblen **Passeig de Gràcia** läuft die prächtigste Straße der Stadt durch den Eixample. Gesäumt wird sie von pompösen Stadtpalästen, darunter die beiden berühmtesten Bürgerhäuser des Antoni Gaudí (**Casa Batlló und Casa Milà**). Zusammen mit den angrenzenden Häuserblöcken ist sie Standort bekannter **Kunstmuseen** (etwa der Fundació Antoni Tàpies) und Kunstgalerien (hauptsächlich am C. del Consell de Cent). Hochpreisige Hotels und Restaurants haben sich hier angesiedelt, genau wie Boutiquen und Flagshipstores internationaler Luxusmarken.

Dabei war der Eixample (übersetzt: »Erweiterung«) am Anfang keineswegs als exklusives Quartier erdacht worden. Ganz im Gegenteil: **Ildefons Cerdà,** der verantwortliche Planer, hatte Mitte des 19. Jh. eine fortschrittliche, lebenswerte Stadt für Menschen aus allen sozialen Schichten schaffen wollen. Zwar wird die Neustadt heute – zumindest jenseits des Pg. de Gràcia – tatsächlich von Wohngebäuden geprägt, und in manchen Gegenden sind die Mieten bisher moderat geblieben. Doch viele Ideen Cerdàs (er träumte von weiten Grünflächen und maximal vier Stockwerke hohen Häusern) wurden bald aus wirtschaftlichen Gründen verworfen. Was blieb, waren u. a. die unverkennbaren Formen der Häuserblöcke: quadratisch, mit abgeschrägten Ecken und Seitenlängen von exakt 113,3 m.

So entstand ein **Schachbrettmuster-Stadtteil** in Übergröße – durch den Eixample verdreifachte die Metropole ihre frü-

Ohne Ecken und Kanten: Die Casa Milà (s. S. 170) war der letzte weltliche Bau von Antoni Gaudí, bevor sich das Genie ganz der Sagrada Família zuwandte.

here Fläche. Da er in weiten Teilen zur großen Blütezeit des Modernisme erschlossen wurde, bot sich den Baumeistern jener Epoche ein gigantisches Labor für architektonische Experimente. Neben den beiden bereits erwähnten Gaudí-Gebäuden stehen deshalb noch viele weitere bekannte **Modernisme-Bauten** im Eixample: die Casa Calvet, die Casa Fuster, die Casa de les Punxes – und natürlich das weltberühmte Wahrzeichen der Stadt, die Sagrada Família.

SEHENSWERTES

1. Plaça de Catalunya
2. Casa Calvet 👁
3. Museu del Modernisme Català
4. Casa Batlló mit Casas Amatller und Lleó Morera (Manzana de la discordia) ★
5. Fundació Antoni Tàpies
6. Casa Milà (La Pedrera) ★
7. Casa Fuster
8. Casa de les Punxes
9. Sagrada Família ★
10. Hospital de la Santa Creu i de Sant Pau

ESSEN UND TRINKEN

1. Enigma
2. Ciutat Comtal
3. El Nacional
4. Boca Chica
5. L' Eggs
6. Café Vienès
7. Roots & Rolls

EINKAUFEN

8. Mercat (Dominical) de Sant Antoni ⚑
9. Mayoral
10. Cubinya
11. Blumenpracht auf dem Mercat de la Concepció ⚑

Sehenswertes

❶ PLAÇA DE CATALUNYA E6

Längst gilt der große Platz als **Herz und Zentrum der Stadt** – dabei lag er bis ins 19. Jh. noch direkt vor ihren Toren. Mehr als vier Fußballfelder könnte man auf seiner Fläche unterbringen, und tatsächlich ist er unter Fußballfans besonders beliebt: Zwischen den Monumenten und Wasserspielen feiern hier die Anhänger des FC Barcelona, wenn ihr Team wieder einmal einen Titel geholt hat (und die Unterstützer der gegnerischen Mannschaften im seltenen Fall eines Auswärtssiegs). Auch sonst strömen Menschenmassen aller Art mit Vorliebe auf die riesige Plaça, man nutzt sie u. a. für **Konzerte** und **Demonstrationen.** Im Netz der Metro ist sie ein wichtiger Knotenpunkt, Nahverkehrszüge und Flughafenbusse steuern sie ebenfalls an. Und natürlich eignet sie sich wunderbar als zentraler Ausgangspunkt für Shopping- und Sightseeingtouren: Die interessantesten Gegenden der Stadt sind nur wenige Minuten Fußweg entfernt.

Metro: Pl. de Catalunya

● IM VORBEIGEHEN ENTDECKT

❷ CASA CALVET E6

Gaudís wohl konventionellstes Bauwerk: Viele für das Architekturgenie sonst so typische Merkmale sucht man in der Casa Calvet vergeblich, die Fassade gibt sich vergleichsweise einfarbig und symmetrisch. Manchmal ist die unverwechselbare Handschrift des berühmten Architekten aber doch unübersehbar, etwa an der schmiedeeisernen **Dekoration des Erkers** im ersten Stock oder an der eigenwillig geschwungenen Form der **Doppelgiebel.**

Was das zwischen 1898 und 1904 entstandene Haus an üppiger Ornamentik vermissen lässt, macht es mit dezenter Symbolik wieder wett. So wurden seine Säulen großen, gestapelten Spulen nachempfunden: Andreu Calvet i Pintó, Bauherr der Casa Calvet, war Erbe eines reichen Textilfabrikanten. Auf eine

Unverwechselbar Gaudí, wenn auch vergleichsweise bescheiden: die Casa Calvet.

kulinarische Vorliebe des Bauherren spielen diverse Abbildungen von **Speisepilzen** an. Als einziges der drei Gaudí-Häuser im Eixample ist die Casa Calvet nicht für Besucher geöffnet. Wer gerade in der Gegend unterwegs ist, kann aber einen kleinen Abstecher machen – und dann immerhin die elegante Fassade bewundern.

C. de Casp 48 | Metro: Urquinaona

❸ MUSEU DEL MODERNISME CATALÀ D6

Der Modernisme (→ S. 178) hat das Eixample – und ganz Barcelona – wie keine zweite kunsthistorische Epoche geprägt. Die berühmtesten Gebäude jener Zeit kann man längst besichtigen, in den vergangenen Jahren wurden immer mehr Häuser für Besucher geöffnet. Doch den ganz großen Bogen spannt nur das kleine Museu del Modernisme Català: Es beschränkt sich nicht darauf, die Geschichte eines einzelnen Bauwerks oder Baumeisters zu erzählen, widmet sich stattdessen der ganzen Bewegung, zeigt dabei auch, wie der Modernisme neben der Architektur alle anderen gestalterischen Disziplinen durchdrungen hat. Zu sehen sind unter anderem Skulpturen,

Mosaik an der Fassade der Casa Batlló.

Gemälde, Gebrauchs- und Einrichtungsgegenstände. Arbeiten von **Antoni Gaudí,** dem berühmtesten Modernisme-Meister, dürfen da selbstverständlich nicht fehlen.

C. de Balmes 48 | Metro: Pg. de Gràcia, Universitat | Tel. 9 32 72 28 96 | www.mmbcn.cat | Mo–Sa 10.30–14, 16–19, So 10.30–14 Uhr, Aug. geschl. | Eintritt 10 €, erm. 7 €, bis 5 Jahre frei

④ CASA BATLLÓ MIT CASAS AMATLLER UND LLEÓ MORERA (MANZANA DE LA DISCORDIA) E5

Symmetrien sucht das Auge des Betrachters hier fast vergeblich: Wie natürlich gewachsen wirken die runden, gewellten, geschwungenen Formen der 1904 bis 1906 von **Antoni Gaudí** (um-)gestalteten Casa Batlló. Ihr **Dach** erinnert an den geschuppten Rücken eines Drachens, reflektiert das grelle Licht der Mittelmeersonne, genau wie die keramikgeflieste **Fassade.** Im **Inneren** sind Säulen und Bögen der Form riesiger Knochen nachempfunden – so ergibt sich manchmal der Eindruck, man schreite durch den Körper eines gigantischen Lebewesens. Die märchenhafte Anmutung der Casa Batlló wird durch weitere Deko-Elemente verstärkt, etwa durch die bizarr gewölbten **Balkonbrüstungen** und ihre skulpturalen, auch von anderen Gaudí-Gebäuden bekannten **Schornsteine** auf der Dachterrasse. Eigentlich diente das Bauwerk aber als (vielleicht nicht ganz) gewöhnliches Wohnhaus; auch sein authentisches Modernisme-Mobiliar ist unbedingt sehenswert.

Dass der Fantasie des Architekten hier Grenzen gesetzt waren, ist kaum mehr zu erahnen. Doch tatsächlich hat Gaudí das Haus gar nicht selbst gebaut. Es war schon 1877 entstanden, als ein gewöhnliches, nicht weiter bemerkenswertes Gebäude der damaligen Zeit. Fast drei Jahrzehnte später erhielt Antoni Gaudí dann den Auftrag, das Bauwerk neu zu gestalten. Er nutzte seine Chance und schuf ein modernistisches Manifest – das heute zum Weltkulturerbe der UNESCO gehört.

Links der Casa Batlló stehen noch zwei weitere bekannte Modernisme-Gebäude: direkt nebenan die bis 1900 entstandene Casa Amatller (Pg. de Gràcia 41) von **Josep Puig i Cadafalch,** zwei Häuser weiter, also direkt an der Straßenecke, dann die Casa Lleó Morera (Pg. de Gràcia 35). Auch hier wurde 1905 ein schon vier Jahrzehnte altes Gebäude umgestaltet, von **Lluís Domènech i Montaner.**

Antoni Gaudí, Josep Puig und Lluís Domènech: Die drei wohl wichtigsten Architekten des Modernisme sind in diesem berühmtesten Häuserblock ganz Barcelonas vereint. Da ihre extravaganten Gebäude um die Aufmerksamkeit des Betrachters zu streiten scheinen, spricht man auch vom *manzana de la discordia* (wörtlich: Zankapfel).

Pg. de Gràcia 43 | Metro: Pg. de Gràcia | Tel. 9 32 16 03 06 | www.casa batllo.cat | tgl. in der Regel 9–21 Uhr, tagesaktuelle Info siehe Website | Eintritt ab 25 €, erm. ab 15–22 € (Online-Preise, Tageskasse zzgl. 4 €)

⑤ FUNDACIÓ ANTONI TÀPIES E5

Er gehört zu den bekanntesten Söhnen seiner Stadt, war einer der wichtigsten abstrakten Künstler seiner Zeit: Sogar geadelt wurde Antoni Tàpies noch, kurz bevor er 2012 im Alter von

88 Jahren starb. Die nach ihm benannte Stiftung hatte er schon 1984 selbst gegründet, ihr dann immer wieder weitere Arbeiten überschrieben. Neben wechselnden **Ausstellungen,** die stets nur einen kleinen Teil der umfangreichen Sammlung zeigen, organisiert die Fundació Antoni Tàpies auch Symposien, Vorlesungen und Filmvorführungen. Sehenswert ist bereits ihr wenige Schritte vom Pg. de Gràcia gelegenes Gebäude: **Lluís Domènech i Montaner,** einer der ganz großen Modernisme-Meister, hatte es zwischen 1880 und 1885 errichtet. Seit dem Jahr 1990 thront eine große Stacheldraht-Installation auf dem Dach – mit seinem Werk »Nuvol I Cadira« (Wolke und Stuhl) nahm Antoni Tàpies das historische Haus damals sinnbildlich in Besitz.

C. d'Aragó 255 | Metro: Pg. de Gràcia | Tel. 9 34 87 03 15 | www.fundacio tapies.org | Di–Do, Sa 10–19, Fr 10–21, So 10–15 Uhr | Eintritt 8 €, erm. 6,40 €

MERIAN TOP 10

⑥ CASA MILÀ (LA PEDRERA) E5

Als »La Pedrera« (Steinbruch) verspotteten Kritiker das letzte von **Gaudí** fertiggestellte Gebäude. Statt eines durchdachten Bauwerks sahen sie in dem Haus, das zwischen 1905 und 1911 entstand, wohl nur noch eine willkürliche Ansammlung von Baustoffen. Und tatsächlich: Herkömmliche architektonische Konstruktionsprinzipien vermisst man hier genauso wie Ecken, Kanten, rechte Winkel oder gerade Linien. Decken, Böden, Wände und Fassaden fließen regelrecht durch dieses fast lebendig wirkende Haus. Dass Gaudí bei aller ästhetischen Radikalität aber auch sehr praktisch plante, beweist die unter dem Bauwerk angelegte erste Tiefgarage der Stadt. Mit einem natürlichen Belüftungssystem für die Innenräume setzte er ebenfalls Maßstäbe.

Gebaut hatte Gaudí im Auftrag der Familie Milà, die früher das erste Stockwerk bewohnte. Heute dient ihre Wohnung als Schauplatz für **Kunstausstellungen.** Die modernistischen Möbel, mit denen sich das katalanische Bürgertum im frühen

Die Casa Milà gehört zu den meistbesuchten Sehenswürdigkeiten Barcelonas. Tickets für den Besuch des »Steinbruchhauses« sollte man im Voraus kaufen.

20. Jh. gerne umgab, zeigt eine Ausstellung im fünften Stock, Informationen zu Bauwerk und Baumeister bietet dann eine weitere Ausstellung im Dachgeschoss.

Aus der Dachterrasse ragen die berühmten, bereits von der Straße sichtbaren **Schornsteine.** Ihre bizarre Form soll angeblich sogar US-Regisseur George Lucas inspiriert haben, mit etwas Fantasie betrachtet ähneln sie tatsächlich den Helmen der Sturmtruppen im Weltraum-Epos »Star Wars«. Zwischen ihnen eröffnen sich wunderbare Blicke über das Eixample, in manchen Sommernächten werden sie jetzt sogar zur Kulisse für **Jazzkonzerte.** Wie viele weitere Gaudí-Bauten gehört die Casa Milà mittlerweile zum UNESCO-Weltkulturerbe.

C. de Provença 261–265 | Metro: Diagonal | Tel. 9 02 20 21 38 | www.la pedrera.com | tgl. 9–20.30, im Herbst/Winter teilweise nur 9–18.30 Uhr; an die Tagesöffnungszeiten schließt sich nach einer halbstündigen Unterbrechung noch eine zweistündige Abendöffnungszeit an | Eintritt ab 22 €, erm. ab 11–16,50 € (Online-Preise, Tageskasse zzgl. 3 €)

❼ CASA FUSTER E4

Krönender Abschluss: Am höchsten Punkt des Nobelboulevards Pg. de Gràcia erhebt sich die 1908 bis 1911 von **Lluís Domènech i Montaner** errichtete Casa Fuster. Den Auftrag für diesen Prachtbau hatte ein mallorquinischer Aristokrat erteilt: Mariano Fuster i Fuster wollte seine aus Barcelona stammende Braut – und gleichzeitig wohl ihre gesamte Heimatstadt – nachhaltig beeindrucken. An Marmor wurde nicht gespart, auch das opulente Modernisme-Dekor der Epoche setzte man konsequent um. Das Haus galt als teuerstes Bauwerk Barcelonas, doch schon Anfang der 1920er-Jahre mussten die Fusters wieder ausziehen. Obwohl sie nur ein einziges Geschoss selbst bewohnten und das ganze übrige Gebäude vermieteten, konnten sie die hohen Kosten nicht mehr länger tragen.

Nach mehreren Besitzerwechseln und einer sorgfältigen Sanierung eröffnete im Jahr 2004 schließlich ein gleichnamiges Luxushotel in der Casa Fuster. Ihr luxuriöses Modernisme-Ambiente kann man heute auch beim Drink im nostalgischen Café Vienés (→ S. 182) oder beim Diner im exklusiven Restaurant El Panot genießen.

Pg. de Gràcia 132 | Metro: Diagonal | Tel. 6 99 41 41 14 | www.hotelcasa fuster.com | tgl. 13.30–15.30, 20–23.30 Uhr (Restaurant Galaxó) | €€€

❽ CASA DE LES PUNXES E5

Bizarrer Bau von **Josep Puig i Cadafalch,** einem der drei großen Modernisme-Architekten in Barcelona. Den im Volksmund geläufigen Namen Casa de les Punxes (Haus der Spieße/ Stachel) erhielt er wegen seiner **sechs Türmchen,** die Erinnerungen an mittelalterliche Burgen wach werden lassen. Dieser letzte von Josep Puig i Cadafalch geplante Bau (1903–05), der eigentlich Casa Terrades heißt, verband drei ältere Häuser, die schon vorher an dieser Stelle gestanden hatten. An der Fassade prangen mehrere große, mit Bildern gestaltete Keramikplatten.

Diesem Teil der Fassade sieht man es nicht an:
Die Casa de les Punxes erinnert an eine Burg aus
dem Mittelalter – und an Schloss Neuschwanstein.

Eine von ihnen zeigt den Heiligen Georg beim Kampf gegen einen Drachen. »Schutzheiliger Kataloniens, gib uns unsere Freiheit zurück!« steht darunter in katalanischer Sprache geschrieben. Selbst während der Franco-Diktatur, die sonst so konsequent gegen Forderungen nach regionaler Autonomie vorging, wurde dieses Kunstwerk nicht entfernt.

Bis 2017 war die Casa de les Punxes für Besucher geschlossen, seither kann man sie wieder besichtigen. Sehenswert ist dabei nicht nur ihr Modernisme-Interieur. Entstanden sind auch spannende **interaktive Installationen**, die beispielsweise die mythologischen Gestaltungselemente am Bau erläutern.

Av. Diagonal 416 | Metro: Verdaguer | Tel. 9 32 16 03 06 | www.casade lespunxes.com | tgl. 10–19 Uhr | Eintritt ab 13,50 €, erm. 10–11,50 €

 MERIAN TOP 10

 SAGRADA FAMÍLIA G5

Sie gilt zwar gemeinhin als Werk von **Antoni Gaudí** – und natürlich geht die Sagrada Família vor allem auf die Entwürfe des gefeierten Architekturgenies zurück. Aber wie genau sich Gaudí den bizarren Sakralbau eigentlich vorgestellt hatte, weiß keiner mehr so genau: Viele seiner Modelle und Unterlagen gingen im Spanischen Bürgerkrieg verloren, für weite Teile des Gebäudes hatte er wohl sowieso nur grobe Skizzen gezeichnet. Nicht zuletzt deshalb sorgt das beispiellose Gotteshaus immer wieder für Kontroversen. Mehrmals wurde gefordert, die Arbeiten an der Sagrada Família besser einzustellen, u. a. von so einflussreichen Architekten wie Walter Gropius und Le Corbusier. Trotzdem wird das längst als Wahrzeichen Barcelonas geltende Bauwerk nun wohl tatsächlich bald vollendet. Wann genau es endlich so weit ist? »Mein Auftraggeber kennt keine Eile«, hatte der tiefgläubige Gaudí gern auf diese Frage geantwortet. Gemeint war natürlich kein Geringerer als der Herrgott persönlich. Die weltlichen Bauherren und -meister äußern sich da heute deutlich konkreter: Man spricht davon, den Sakralbau bis **2026** fertigstellen zu wollen – das wäre dann genau 100 Jahre nach Gaudís Tod.

Warum das alles überhaupt so lange gedauert hat? An erster Stelle ist sicherlich Gaudís eigenwillig-ehrgeizige Konstruktion zu nennen: Industrielle Verfahren sind bis heute nur bedingt anwendbar, trotz des technischen Fortschritts müssen noch immer viele der verbauten Steine per Hand bearbeitet werden. Und das ist dann natürlich nicht ganz billig, zuletzt wurde mit einem Budget von 374 Mio. Euro kalkuliert. Gezahlt wird allerdings nicht von der Kirche, auch nicht vom Staat. Als sogenannte Sühnekirche finanziert sich die Sagrada Família ausschließlich von Spenden – zu denen man aber glücklicherweise auch die Eintrittsgelder zählt. Bei 4,5 Mio. Besuchern pro Jahr und Eintrittspreisen ab 17 Euro aufwärts kommt dann schon so einiges zusammen. Immerhin ist das Kirchenschiff überdacht – ein wichtiges Zwischenziel. 2010 weihte Papst Benedikt XVI. den Altar, gleichzeitig ernannte er die Kirche zur »Basilica minor«; anders als oft angenommen hat sie nicht den Rang einer Kathedrale, also eines Bischofssitzes.

Einen hervorragenden Eindruck von ihrer bizarren Stilistik gewinnt man bereits bei einem ersten Gang um das gigantische Gebäude. Es bietet sich an, vor der üppig ornamentierten, nach Osten weisenden **Geburtsfassade** zu beginnen: Sie wurde noch von Gaudí selbst gestaltet, gibt mit vielen Figuren, Skulpturen und weiteren Details die biblische Weihnachtsgeschichte wider, greift dabei auf überbordende, üppige, oft der Natur entlehnte Metaphorik zurück.

Viel klarer, nüchterner, strenger wirkt dagegen die nach Westen weisende **Passionsfassade.** Dieser Gebäudeteil erzählt die biblische Ostergeschichte. Beeindruckend geben sich sechs schräge, knöcherne, das Portal stützende Säulen. Seine wuchtigen Skulpturen wurden vom katalanischen Bildhauer Josep Maria Subirachs erschaffen. Ob er Gaudís Erbe gerecht wird, wird immer wieder hitzig diskutiert. Die Passionsfassade entstand erst ab dem Jahr 1952, fertiggestellt wurde sie erst 2018, nach 66 Jahren.

Noch im Bau befindet sich die nach Süden weisende **Hauptfassade** des Gotteshauses. Sie wird als Gloria-Fassade oder Fassade der Herrlichkeit bezeichnet, stellt das Jüngste Gericht

An der weltberühmten Sagrada Família gibt es unzählige Details zu entdecken.

und die Verheißung vom Reich Gottes dar. Bekannt ist die Sagrada Família natürlich auch wegen ihrer acht weithin sichtbaren, bis zu 115 m hohen **Türme.** Zusammen mit vier weiteren, über der Gloria-Fassade entstehenden Türmen symbolisieren sie die zwölf Jünger Jesu. Ebenfalls noch zu bauen sind vier den Evangelisten gewidmete Türme sowie je ein Turm für die Jungfrau Maria und für Jesus Christus. Letzterer wird als Hauptturm des Gotteshauses stolze 170 m hoch in den Himmel ragen – und die Sagrada Família so zur höchsten Kirche der Welt machen. Bisher hält das Ulmer Münster diesen Rekord.

In seinem Inneren scheint der Sakralbau ebenfalls himmelwärts zu streben. Bis zu **75 m hohe Säulen** tragen die mächtigen Gewölbe, deren Ornamente an Äste, Blätter und Baumkronen erinnern – fast meint man, zwischen steinernen Bäumen zu stehen. Auch die üppige Symbolik der Fassaden setzt sich fort, »eine in Stein gehauene Predigt« wird die Sagrada Família daher gerne genannt. Zwei der bisher gebauten Türme können bestiegen werden. Von oben bieten sich dann ganz besondere Blicke auf das atemberaubende Bauwerk. Weiterführende Informationen liefert ein zur Sagrada Família gehörendes **Museum,** es zeigt zahlreiche Fotos, Modelle und Skizzen sowie einen Nachbau von Gaudís im Spanischen Bürgerkrieg zerstörter Werkstatt.

Tagsüber gibt sich die Gegend um die Sagrada Família übrigens ziemlich wuselig. Touristen versuchen, die perfekte Fotoperspektive zu finden, lange Schlangen stehen vor den Eingängen, aus Bussen ergießen sich ganze Schulklassen auf den Vorplatz. Wer abends nochmal wiederkommt und sich irgendwo auf eine Bank mit Blick zur Kirche setzt, kann sie dann ganz anders, stiller, würdiger bestaunen.

C. de Mallorca 401 (Eingang C. de Sardenya) | Metro: Sagrada Família | Tel. 9 32 08 04 14 | www.sagradafamilia.org | April–Sept. tgl. 9–20, Okt., März 9–19, Nov.–Feb. 9–18 Uhr (teils abweichend wegen besonderer Gottesdienste) | Eintritt ab 17 €, erm. unter verschiedenen Bedingungen verfügbar, Aufpreise z. B. für Audioguides oder Zutritt zu den Türmen

⑩ HOSPITAL DE LA SANTA CREU I DE SANT PAU G4

Weitläufige Parkanlagen, exzentrisch dekorierte Fassaden, ein prachtvolles Hauptgebäude mit mächtiger Lichtkuppel und bunten Jugendstilfenstern – nein, die Rede ist hier nicht etwa von einer exklusiven Hotel- oder Palastanlage, sondern von einem öffentlichen Krankenhaus. **Lluís Domènech i Montaner,** einer der bekanntesten Baumeister des Modernisme, entwarf dieses wunderschöne Ensemble. Statt eines riesigen, anonymen Klinikkomplexes gestaltete er kleinere, über das Gelände verstreute Pavillons für verschiedene Abteilungen des Krankenhauses. Keines dieser 48 Häuser gleicht einem anderen, alle sind durch unterirdische Gänge miteinander verbunden.

Fast drei Jahrzehnte dauerten die Arbeiten, erst 1930 eröffnete das Hospital endlich seine Pforten. Seit 1997 gehört es sogar zum Weltkulturerbe der UNESCO. 2009 zog das Krankenhaus in einen benachbarten Neubau um, anschließend wurden die alten Gebäude saniert. Heute können weite Teile des prächtigen Modernisme-Komplexes besichtigt werden.

C. de Sant Antoni Maria Claret (Infopoint und Start für Rundgänge an der T-Kreuzung zum C. de la Independència) | Metro: Sant Pau/Dos de Maig, Camp de l'Arpa | Tel. 9 35 53 78 01 | www.santpaubarcelona.org | April–Okt. Mo–Sa 9.30–19, So 9.30–15, sonst Mo–Sa 9.30–17.30, So 9.30–15 Uhr | Eintritt 15 €, erm. 10,50 €

Schluss mit kantig: der Modernisme

Was soll denn das hier bitte? Eine stumme Frage, auf den Straßen der Stadt immer wieder gestellt aus staunend-offenen Mündern. Von Menschen, die mit großen Augen vor bizarren Bauten stehen, vor Häusern, die wirken wie architektonische Fieberträume, wie Kulissen eines Themenparks oder Fantasyfilms, nach Drehschluss einfach vergessen: Da tragen knöcherne Säulen ein mächtiges Gewölbe, dort spannt sich ein riesiger, bunt geschuppter Drachenrücken als Dach, hier stehen behelmte Schornsteine, deren furchterregende Fratzen angeblich sogar Hexen erschrecken.

An Kreativität und Fantasie, so viel ist klar, hat es Barcelonas Architekten im späten 19. und frühen 20. Jahrhundert nicht gefehlt. An den finanziellen Mitteln, um ihre kühnen Vorhaben zu realisieren, ganz offenbar auch nicht: Visionären Baumeistern bot die Mittelmeermetropole damals Bedingungen wie sonst wohl keine andere Stadt jener Zeit.

Gewiss, im Grunde genommen war ihre Bewegung – auf Katalanisch als Modernisme, auf Deutsch als Jugendstil bekannt – eine gesamteuropäische. Eine beispiellose Aufbruchsstimmung beherrschte die Architektur- und Kunstszene jener Zeit, mit überholten Stilen und Zwängen sollte endlich Schluss sein! Also verwarf man veraltete Traditionen, fand zu ganz neuen kreativen Freiheiten: Statt symmetrischer Achsen und gerader Kanten gestalteten die Jugendstilarchitekten geschwungene Formen für eine neue Epoche; als Inspiration dienten organische, der Natur entlehnte Vorbilder.

Obwohl der Jugendstil europaweit ähnliche Fragen stellte, entwickelte er in verschiedenen Ländern doch unterschiedliche Antworten und Ideen. Besonders experimentell gaben sich die Vertreter des katalanischen Jugendstils, des Modernisme – der letztlich sogar den Weg bereitete für die abstrakte Kunst des 20. Jahrhunderts. Ihr genialer Vordenker: **Antoni Gaudí,** Mastermind hinter der fantastischen **Sagrada Família**

Ein Bauwerk wie eine Legende: Die Casa Batlló (s. S. 168) erzählt die Geschichte des Heiligen Georg, der mit einem Drachen kämpft.

(→ S. 174) und mehreren berühmten Stadtpalästen in Barcelona. Aber auch die übrigen Modernistas genossen bald einen (fast) vergleichbaren Respekt bei den Bauherren der aufstrebenden Metropole.

Ihre Arbeiten hatten sich mittlerweile so weit von anderen Ausprägungen des Jugendstils entfernt, dass man sie als etwas ganz Eigenständiges, etwas sehr Besonderes feiern konnte. Die erste originär katalanische Kunstrichtung war geboren, die glühend patriotischen Großbürger Barcelonas waren begeistert. Sie verfügten über die finanziellen Mittel, um ambitionierteste Pläne wirklich werden zu lassen, die Stadt selbst sorgte für den nötigen Grund und Boden: Mit dem **Eixample** (→ S. 162) entwickelte sie gerade einen komplett neuen Stadtteil, der größer werden sollte als das ganze bisherige Barcelona – und so zu einer gigantischen Spielwiese für die visionären Architekten des Modernisme.

Essen und Trinken

① *40 Gänge!*
ENIGMA C6

Herzstück des Gastro-Imperiums von Albert Adrià, Bruder des legendären Ferran Adrià: Dessen seit 2011 geschlossenes El Bulli war fünfmal zum besten Restaurant der Welt gekürt worden. Im Enigma (ein Michelin-Stern) wird jetzt ein festes Menü mit 40 Gängen serviert, für nicht mehr als 28 Gäste pro Abend. Zu zahlen sind 220 Euro – pro Gast und plus Getränke. Ein wahrhaft exklusives Erlebnis, das schon an der Tür beginnt: Sie öffnet sich nur mit einem Geheimcode, den man nach Reservierung und Anzahlung (100 Euro pro Person) erhält.

C. de Sepúlveda 38–40 | Metro: Rocafort, Poble Sec | Tel. 6 16 69 63 22 | www.elbarri.com/enigma | Di–Fr 19–21.30, Sa 13–14.30, 19–21.30 Uhr | €€€

② *Tapas-Lokal*
CIUTAT COMTAL E6

Wer kulinarische Alternativen zu den touristisch geprägten Restaurants am Pg. de Gràcia sucht, muss nur über die parallel verlaufende Rambla de Catalunya schlendern. Viele Lokale laden hier auf ihre Terrassen ein; die wohl besten Tapas der Gegend bietet aber das Ciutat Comtal. Neben vielen kalten und warmen Appetithäppchen gibt es auch *montaditos* – kleine Brötchen mit mediterranen Fisch-, Käse- oder Wurstspezialitäten. Klassisch wie das Essen ist auch die edle, von dunklen Hölzern bestimmte Einrichtung. Vor allem direkt nach Feierabend kann es schon mal voll werden. Die besten Plätze? Natürlich direkt an der Bar!

Rambla de Catalunya 18 | Metro: Pg. de Gràcia | Tel. 9 33 18 19 97 | Mo–Fr 8–1.30, Sa, So 9–1.30 Uhr | €–€€

③ *Gourmet-Tempel*
EL NACIONAL E5

Gleich vier Bars und Restaurants unter einem Dach, in ultra-coolem Ambiente, gestaltet vom renommierten Interieur-Designer Lázaro Rosa-Violán. Neben Grill- und Fischspezialitäten bietet der Gourmet-Tempel auch Tapas und Gerichte für den schnelleren Hunger. Untergebracht ist das pompöse El Nacional – wie passend – in einem

Ein Komplex der Superlative: Im El Nacional gibt es Gerichte aus ganz Spanien.

ehemaligen Theater, auf der Fläche von immerhin einem halben Fußballfeld. Insgesamt 200 Angestellte kümmern sich hier um das leibliche Wohl ihrer Gäste. Massenabfertigung? Irgendwie schon. Aber auf höchstem Niveau.

Pg. de Gràcia 24 | Metro: Pl. de Catalunya, Pg. de Gràcia | Tel. 9 35 18 50 53 | www.elnacionalbcn.com | tgl. 12–1 Uhr | €€–€€€

④ *Einzigartiges Ambiente*
BOCA CHICA E5

Eine der elegantesten Bars der Stadt: Wer seine Cocktails oder Longdrinks am liebsten in extravagantem Ambiente schlürft, ist hier richtig. Das Lokal gehört zum Boca Grande, einem nicht weniger spektakulären Luxusrestaurant.

Passatge de la Concepció 12 | Metro: Diagonal | Tel. 9 34 67 51 49 | www.bocagrande.cat | tgl. 13–24 Uhr

⑤ *Exzentrisch*
L' EGGS E5

Rührei, Spiegelei, Omelett? Da geht doch noch mehr! Was genau, zeigt der mehrfach mit Michelin-Sternen ausgezeichnete Spitzenkoch Paco Pérez. Hauptzutat in seinem Restaurant am Pg. de Gràcia: Ei. Vom Huhn, von der Ente, der Gans. Daneben gibt es klassische mediterrane Gerichte, manche mit asiatischer Note.

Pg. de Gràcia 116 | Metro: Diagonal | Tel. 9 32 38 48 46 | www.leggs.es | tgl. 13–16, 20–23 Uhr | €€

⑥ *Im Kaffeehausstil*
CAFÉ VIENÈS E4

Bekannte Künstler, Literaten und Intellektuelle debattierten einst gern in diesem Architekturjuwel; früher galt das »Wiener Kaffeehaus« als bevorzugter Treffpunkt der ganzen Stadt. Wohl nicht zuletzt wegen seines vornehmen modernistischen Ambientes: Das Café Vienès belegt das Erdgeschoss der legendären Casa Fuster (→ S. 173) und gehört heute zum gleichnamigen Luxushotel. Ein wunderschöner Ort, um beim Kaffee den Geist einer längst vergangenen Zeit zu atmen. Donnerstags verwandelt sich das Lokal in einen Jazzclub.

Pg. de Gràcia 132 | Metro: Diagonal | Tel. 9 32 55 30 00 | www.hotelcasafuster.com | So–Mi 9–2, Do–Sa 9–3 Uhr (Okt.-Mai) bzw. tgl. 9–24 Uhr (Juni-Sep.)

⑦ *Vegan und kreativ*
ROOTS & ROLLS E5

Ein schickes veganes Fine-Dining-Restaurant mit asiatischem Fusion-Konzept. Fantastisches Sushi, leckere Ra-

men-Nudelsuppe. Auch eine Empfehlung: die japanischen Gyoza-Teigtaschen und die Barbecue-Jackfruit. Viele gute glutenfreie Optionen.

C. del Consell de Cent | Metro: Girona | Tel. 9 31 71 79 02 | www.rootsandrolls.com | Di–Do 13–16, 20–23, Fr, Sa 13–24, So 13–13 Uhr | €-€€

Einkaufen

MERIAN EMPFEHLUNG 12

⑧ *Legendäre Pilgerstätte*
MERCAT (DOMINICAL) DE SANT ANTONI C6

Barcelonas größte Markthalle ist acht Jahre lang restauriert – und jetzt endlich wiedereröffnet – worden (→ S. 46). Von Montag bis Samstag gibt es frische Lebensmittel, Snacks und Tapas unter einem prächtigen Modernisme-Gewölbe. Jeden Sonntag pilgern dann die Fans von Druckerzeugnissen aller Art zum legendären Buchmarkt. Gehandelt werden neben Büchern noch Comics, Poster und Fußballsammelkarten. Viel Ramsch, aber auch echte Raritäten.

C. de Comte Urgell 1 | Metro: Sant Antoni | www.mercatdesantantoni.com, www.dominicaldesantantoni.com | Mo–Sa 8–20, So 8.30–14.30 Uhr

⑨ Große Kunst großer Meister
MAYORAL E6

Eine Kunstgalerie, hauptsächlich für Werke prominenter katalanischer und spanischer Meister des 20. und 21. Jh. Wechselnde Ausstellungen, u. a. mit Arbeiten von Basquiat, Botero, Dalí, Miró, Picasso und Tàpies.

C. del Consell de Cent 286 | Metro: Pg. de Gràcia | Tel. 9 34 88 02 83 | www.galeriamayoral.com | Mo–Fr 11–14, 15.30–19.30, Sa 11–14 Uhr

⑩ Wohnkultur im Modernise-Bau
CUBINYA E6

Ein traditionsreiches Design-Kaufhaus im Herzen des Shoppingdistrikts: Hier gibt es neben Möbeln und Lampen Accessoires aller Art – der perfekte Ort für ein stilvolles Mitbringsel. Verkauft werden im Cubinya die Stücke vieler namhafter Marken. Sehenswert ist auch das von Lluís Domènech i Montaner erdachte Modernisme-Gebäude, in dem sich die Geschäftsräume befinden.

C. de Mallorca 291 | Metro: Diagonal, Girona, Verdaguer | Tel. 9 34 76 57 21 | www.cubinya.es | Mo–Sa 10–14, 16.30–20.30 Uhr, im Aug. geschl.

MERIAN EMPFEHLUNG 13

⑪ Eldorado für Blumenfreunde
BLUMENPRACHT AUF DEM MERCAT DE LA CONCEPCIÓ E5

Hier steht die Stadt in voller Blüte: Die schöne, 1888 eröffnete Halle des Mercat de la Concepció dient nicht nur als Lebensmittelmarkt für die Nachbarschaft, sondern auch gleichzeitig als Blumenmarkt für die ganze Stadt, als wahre Pilgerstätte für Floristen. Düfte und Farben feiern hier ein echtes Fest der Sinne; fast könnte man das Gebäude mit einem gigantischen Gewächshaus verwechseln. Neben Schnitt- und Topfblumen gibt es auch Samen und Setzlinge aller Art.

C. d'Aragó 313–317 | Metro: Girona | Tel. 9 34 76 48 70 | www.laconcepcio.cat | tgl. 0–24 Uhr (Blumenmarkt), Mo, Sa 8–15, Di–Fr 8–20 Uhr (Lebensmittelmarkt)

POBLENOU

Barcelonas altes Industrieviertel wird zum Kreativbezirk, in ehemalige Fabrikgebäude ziehen Museen, Kulturzentren und Künstler. Abseits vom Touristentrubel der Altstadt hat das Poblenou noch ein kleinstädtisches Flair – und sogar einen eigenen Hausstrand.

El Born, El Raval, Gràcia – das ist der Dreiklang von Barcelonas beliebten Szenevierteln. In den vergangenen Jahrzehnten haben sie sich teilweise rasant entwickelt. Erschlossen nicht nur von Künstlern, Studenten und anderen Pionieren, sondern auch von Tourismus und Kommerz. Entsprechend aufgewertet, verteuert, an manchen Ecken für Gering- oder Durchschnittsverdiener kaum noch bezahlbar. Und jetzt? Kommt das Poblenou. Das nordöstlich des Zentrums gelegene Viertel gilt als Barcelonas nächster **In-Bezirk,** als Gegend für Menschen ohne viel Geld, aber mit Ideen und Energie.

Bis Mitte des 20. Jh. rauchten hier noch die Schornsteine, gleich neben den Fabriken lebten Industriearbeiter in einfachsten Häusern – als katalanisches Manchester wurde das Gebiet auch bezeichnet. So wie in der früheren englischen Industriestadt ist auch im Poblenou die Textilindustrie jetzt fast restlos verschwunden. Geblieben sind die früheren **Fabrikgebäude,** die dazu einladen, neu und kreativ genutzt zu werden, geblieben ist auch ein ansonsten eher kleinstädtisch-dörfliches Flair. Und genau das bedeutet der Name des Viertel: Poblenou – neues Dorf.

Die Mieten? Sind für Studenten und Künstler noch bezahlbar, Letztere haben hier ihre Ateliers und Galerien eröffnet. Der ganz große Entwicklungsschub, den manche erhoffen, andere

Wie die Haut eines riesigen Reptils erscheint die Fassade des 142 m hohen Torre Glòries. Je nach Tageslicht ändert sich die Farbe der Fassade.

befürchten? Ist bisher ausgeblieben, trotz einiger sehr innovativer Projekte. Zugegeben, ein Geheimtipp ist das Poblenou nicht mehr, ein touristischer Hotspot aber auch noch nicht.

Eine erste Orientierung im Viertel bietet die Rambla del Poblenou. Wer die lässige **Promenade** von der Avinguda del Diagonal bis zum Meer hinabgeht, kann unterwegs immer wieder kleine Abstecher ins Viertel unternehmen. In den Quartieren am oberen Abschnitt der Promenade liegen mit Can Framis, Can Felipa und Can Ricart gleich mehrere ehemalige Fabrikgebäude, die zu Museen oder Kulturzentren umfunktioniert wurden. Weiter unten zeigt das Poblenou noch sein dörfliches, von zwei- bis dreistöckigen Häuschen geprägtes Gesicht. Mit der Playa de Bogatell erreicht man schließlich den **Hausstrand** des Poblenou.

Sehenswertes

❶ MUSEU DEL DISSENY G6

Der schöne Schein spielt in Barcelona immer wieder eine große Rolle, Gestalter werden manchmal wie Popstars gefeiert.
2014 erhielt die Stadt endlich ihr eigenes Designmuseum, katalanisch Museu del Disseny. Die Sammlungen mehrerer älte-
rer, bisher eigenständiger Ausstellungshäuser – der **Museen
für Produkt- und Textildesign, Keramikkunst und Grafik** –
wurden unter dem Dach des städtischen Designzentrums Disseny Hub zusammengeführt. Designfans können hier unter
anderem auch im angeschlossenen Dokumentationszentrum
recherchieren. Übrigens: Dass Design und Ästhetik immer
wieder polarisieren, beweist schon der kantige Neubau des Designzentrums an der Pl. de les Glòries Catalanes – der von Einheimischen spöttisch *grapadora* (Tacker) genannt wird.

Pl. de les Glòries Catalanes 37–38 | Metro: Glòries | Tel. 9 32 56 67 13 |
ajuntament.barcelona.cat/museudeldisseny | Di–So 10–20 Uhr | Eintritt
6 €, erm. 4 €

❷ CAN FRAMIS ÖSTL. G6

Aus der alten Framis-Textilfabrik ist ein Museum für Gegenwartskunst geworden. Sein Gebäude besteht aus zwei historischen, modernisierten Industriegebäuden, die durch einen
neuen Betonbau aus dem Jahr 2008 ergänzt und verbunden
wurden. Die Dauerausstellung zeigt 250 Werke katalanischer
Künstler, entstanden seit den 1960er-Jahren. Alle Arbeiten gehören dem Sammler **Antoni Vilas Casas,** dessen Stiftung dieses und weitere Museen unterhält. Dazu kommen wechselnde
Sonderausstellungen, mit Werken auch aus anderen Sammlungen. Mit einem jährlichen Wettbewerb in verschiedenen Disziplinen – Malerei, Fotografie, Skulptur – fördert das Haus die
zeitgenössische Kunstszene. Die Gewinner sind eingeladen,
eine eigene Ausstellung für das Museum zu konzipieren.

C. de Roc Boronat 116–126 | Metro: Glòries, Llacuna | Tel. 9 33 20 87 36 |
www.fundaciovilacasas.com | Di–Sa 11–18, So 11–14 Uhr, Hochsommer
und Frühherbst geschl. | Eintritt 5 €, erm. 2 €

3 CAN FELIPA ÖSTL. G6

Das alte Felipa-Fabrikgebäude dient jetzt als kreatives **Stadtteilzentrum.** Hinter den großen Fenstern der ehemaligen Textilfabrik gibt es viel Platz für Workshops und Ausstellungen sowie für Tanz- und Theaterveranstaltungen.

C. de Pallars 277 | Metro: Poblenou | Tel. 9 32 56 38 40 | www.cccanfelipa. cat | Mo–Fr 8–22, Sa 8.30–21 Uhr, Ausstellungssaal Di–Sa 17–21 Uhr

4 PARC DEL CENTRE DEL POBLENOU

ÖSTL. G6

Keine ganz gewöhnliche Grünfläche: Stararchitekt **Jean Nouvel** hat diesen 5,5 ha großen Park im Poblenou gestaltet – u. a. mit eigenen Installationen und Skulpturen. An Barcelona hat der Franzose offenbar Gefallen gefunden; nur wenige Häuserblöcke vom Park entfernt entstand der **Torre Glòries,** früher als Torre Agbar bekannt. Der 144 m hohe Büroturm gehört zu den auffälligsten neueren Gebäuden der Stadt, erstrahlt nachts in grellem Rot und Blau. Am Rand des Parc del Centre del Poblenou steht auch das ehemalige **Oliva-Artés-Fabrikgebäude:** Eine Außenstelle des Museums für Stadtgeschichte (MUHBA) erzählt hier vom industriellen Erbe der Gegend.

C. de Bilbao, C. de Marroc, Av. del Diagonal, Bac de Roda. | Metro: Glòries, Selva de Mar

❺ HANGAR/CAN RICART ÖSTL. G6

Schaut her, hört hin: Auch im alten Ricart-Fabrikgebäude rauchen statt Schloten jetzt nur noch Köpfe. Mit dem Hangar ist ein Zentrum vor allem für **audiovisuelle Kunst** eingezogen. Viele Künstler haben hier eigene Ateliers. Ein Ort auch für Debatten, Workshops, Forschungsprojekte und Partys.

C. de Emilia Coranty 16 | Metro: Selva de Mar, Poblenou | Tel. 9 33 08 40 41 | www.hangar.org | Do offenes Labor am Abend

❻ MUSEU BLAU (MUSEU DE CIÈNCIES NATURALS) ÖSTL. G8

Das »Blaue Museum« erzählt von unserer Welt und ihren Wundern. Spektakulär gibt sich schon sein keilförmiges Gebäude, errichtet von den Schweizer Stararchitekten **Jacques Herzog** und **Pierre de Meuron.** Mindestens so sehenswert wie der Bau sind auch seine drei Ausstellungen, die naturwissenschaftliche Phänomene hautnah erlebbar machen. Genau genommen wurde das Haus bereits 1882 gegründet; als »Naturwissenschaftliches Museum« bestand es lange aus etwas angestaubten, getrennten Botanik-, Geologie- und Zoologiesammlungen. Am neuen Standort wurden die alten Exponate in ein modernes Museumskonzept mit vielen audiovisuellen und interaktiven Modulen integriert. Bestes Infotainment!

Pl. de Leonardo da Vinci 4–5 | Metro: El Maresme, Fòrum | Tel. 9 32 56 60 02 | www.museuciencies.cat | März–Sept. Di–Sa 10–19, So 10–20, Okt.–Feb. Di–Fr 10–18, Sa 10–19, So 10–20 Uhr | Eintritt 6 €, erm. 2,70 €, Aufpreis für Sonderausstellungen

Essen und Trinken

① *Im Herzen des Viertels*
EL TÍO CHÉ ÖSTL. G8

Seit mehr als einem Jahrhundert versorgt diese *orxateria* das Poblenou mit hausgemachter Eiskrem und Erdmandelmilch. Letztere, katalanisch *orxata,* ist eine Spezialität des Lokals. Als Klassiker gilt *orxata* mit Zitronen- oder Schokoladeneis und *fartóns*, ein valencianisches Hefegebäck. Weitere Köstlichkeiten: *turrón,* eine typisch spanische Mandel-Nougat-Variante, und *chocolate con churros,* frittiertes Krapfengebäck in dickflüssiger Trinkschokolade.

Rambla del Poblenou 44–46 | Metro: Poblenou, Llacuna | Tel. 9 33 09 18 72 | www.eltioche.es | So–Do 10–1, Fr–Sa 10–2 Uhr (Sommer), tgl. außer Mi 10–22 Uhr (Winter)

Einkaufen

② *Trödel unter neuem Dach*
MERCAT DELS ENCANTS G6

Barcelonas berühmt-berüchtigter Flohmarkt wurde mittlerweile überdacht, doch auch im Schatten der neuen kühnen Konstruktion verkaufen die Händler weiter Kunst, Kitsch, Antiquitäten und allerlei Ramsch. Frühaufsteher können montags, mittwochs und freitags ihr Glück bei öffentlichen Auktionen versuchen: Schon vor Beginn um 7.30 Uhr muss man sich registrieren. Auch wichtig: Gebote werden in *duros* abgegeben. Früher war das der Name für die 5-Peseten-Münze, heute entspricht der Duro 0,03 €.

Av. Meridiana 69 | Metro: Glòries | Tel. 9 32 45 22 99 | www.encantsbcn.com | Mo, Mi, Fr, Sa 9–20 Uhr

Abendgestaltung

③ *Cocktails, Tapas & Jazz*
BALIUS ÖSTL. G7

Lässige Cocktail- und Tapas-Bar in einer ehemaligen Drogerie. Spezialität: Drinks auf Wermut-Basis, auf den Tisch kommen Bioköstlichkeiten. Dazu gibt es am Sonntagnachmittag Jazz vom Feinsten.

C. de Pujades 196 | Metro: Poblenou | Tel. 9 33 15 86 50 | www.baliusbar.com | Di, Mi 18–2, Do 18–2.30, Fr 17–3, Sa 16–3, So 16–2 Uhr (Küche bis 22.30 Uhr)

SPAZIERGÄNGE UND AUSFLÜGE

Die Casa Museu Gaudí im Park Güell (s. S. 145), in der Antoni Gaudí bis 1925 lebte. Das Museum zeigt von ihm entworfene Möbel und Objekte.

SPAZIERGANG
Wege zum Tibidabo – hoch hinaus auf Barcelonas Hausberg!

Auf die Hänge des Tibidabo rettete sich das Großbürgertum einst vor sommerlicher Hitze, heute sind kleine Fluchten aus der großen Stadt auch für wenig Geld zu haben. Neben sehenswerten Parks, Kirchen und Villen bietet der Weg zum Berg wunderbare Vogelperspektiven.

Start: Plaça de Joanic **Ziel:** Cumbre del Tibidabo
Länge: 7–15 km

Es geht bergauf, den Hang hinauf – das wird schon bei den ersten Schritten klar: Ein paar nennenswerte Steigungen liegen hier auf dem Weg, der schließlich bis zum Gipfel des Tibidabo führt. Doch keine Sorge: Wer irgendwann nicht mehr länger laufen will, kommt meistens auch per Bus, Straßen- oder Standseilbahn gut weiter. Und wunderbare Orte, um immer wieder Rast zu machen, Blicke schweifen, die Seele baumeln zu lassen, bietet die Strecke sowieso.

INVESTITIONSRUINE PARK GÜELL
Der erste von ihnen ist schnell erreicht, er zeigt sich schon von Weitem: eine Mauer mit Mosaiken in Rot und Weiß, zwei kreisrunde Häuschen mit Zuckerbäckerdach. Dazwischen der Eingang zur wohl berühmtesten Investitionsruine der Welt – dem **Park Güell** (→ S. 145). Nirgendwo sonst kann man die eigenartige Baukunst von Antoni Gaudí heute auf so großer Fläche bestaunen – die bizarre Sagrada Família vielleicht einmal ausgenommen. 60 Villen einer vornehmen Gartenstadt sollten hier entstehen, gebaut wurden – mangels Käufern – dann doch nur drei. Nur deshalb funktionierte man die Anlage, auf der Gaudí schon Plätze, Treppen, Terrassen und sogar eine Markthalle angelegt hatte, schließlich zu einem öffentlichen Park um.

Die beiden Zuckerbäckerbauten waren eigentlich als Pförtnerhäuser gedacht, hinter ihnen führt eine Freitreppe an bunt mit Mosaiken besetzten Echsen entlang. Schon wieder Mosaike! Gestaltet wurden sie auf Grundlage der für Gaudí so typischen **Trencadís-Technik** (→ S. 146). Die Treppe mündet in einen weiten Platz, dessen Dach von 86 Säulen getragen wird. Ein Stockwerk höher, also auf dem Dach, liegt eine große, als Theater- und Versammlungsplatz geplante Terrasse, deren geschlängelte Sitzbank als längste der Welt gilt.

Eines der beliebtesten Fotomotive Barcelonas eröffnet sich von hier aus: im Vordergrund die Spitzen der Pförtnerhäuschen, dahinter die ganze Stadt. Links die Kräne und Türme der Sagrada Família und rechts davon die Hochhäuser am Olympischen Hafen. Noch weiter rechts die segelförmige Silhouette des W-Hotels, schließlich die sanfte grüne Erhebung des Montjuïc. Deutlich sind auch die schnurgeraden Straßenschneisen im Schachbrettmuster des Eixample zu erkennen. Dann schweift der Blick auf die Enge der Ciutat Vella – und endlich auf das blau schimmernde Mittelmeer.

Man kann sich hier viel Zeit nehmen, um die herrliche Parkanlage auf eigene Faust weiter zu erkunden. Wer Glück hat, entdeckt vielleicht einen Schlangenadler. Diese seltene Vogelart ist in der großen Grünanlage heimisch geworden. Kaum zu übersehen und -hören sind jedenfalls die Papageien, die sich – eigentlich aus Südamerika stammend – seit einigen Jahren immer stärker in Barcelona vermehren.

VILLENVIERTEL MIT SCHIEFLAGE

Vom Park Güell führt der Weg dann weiter durch kurvige Straßen, enge Gassen und sogar ein paar schmale Treppen, über die man an die steilen Bergflanken hinauf wie hinab geht. Breiter geben sich dann erst wieder die Av. de Vallcarca, die Av. de la República Argentina – und schließlich die steile, prächtige, von palastartigen Villen gesäumte **Av. del Tibidabo** (→ S. 158). Manche der opulenten Gebäude fallen ganz besonders ins Auge: So befindet sich hier gleich hinter der Kreuzung rechts das bis 1906 von Adolf Ruiz i Casamitjana erbaute

Vom Park Güell aus haben die Besucher großartige Aussichten auf Barcelona.

Rotonda-Gebäude (Nr. 2). Früher war es ein Hotel, heute beherbergt es ein Krankenhaus. Weiter oben sieht man an der linken Straßenseite die als **Torre Ignacio Portabella** (Nr. 27) bekannte Villa – José Pérez Terraza hat sie, ebenfalls bis zum Jahr 1906, gestaltet.

Zwei Häuser weiter steht, wieder auf der linken Seite, die **Casa Roviralta** (Nr. 31). Sie ist älter als die meisten Bauten in der Nachbarschaft, wurde aber bis 1913 von Joan Rubió i Bellver umgestaltet und mit modernistischen Stilelementen versehen. »El frare blanc« (der weiße Bruder) lautet ihr häufig verwendeter Spitzname, der allerdings nicht – wie man vermuten könnte – auf die Farbe ihrer Fassade anspielt, sondern auf die Tatsache, dass sie einst von weiß gewandeten Dominikanermönchen bewohnt wurde. Für die Entwürfe der **Casa Fornells** auf Nr. 35–37 zeichnete Rúbio i Bellver – der als Gaudí-Schüler neben anderen Projekten auch an der Konzeption der Sagrada Família beteiligt war – übrigens ebenfalls verantwortlich.

Hinter der Casa Fornells befindet sich eine breite Kreuzung, die Av. del Tibidabo schlängelt sich nun in Serpentinen weiter den Hang hinauf. Rechter Hand passiert man die schneeweiße **Casa Muntadas** (Nr. 48; eine 1901 von Josep Puig i Cadafalch, dem Architekten des Palau de la Música Catalana, erbaute Villa) sowie die **Casa Cuberta** (Nr. 56; ein palastartiges, mit Ausnahme der roten Dächer cremeweiß gehaltenes Gebäude von Gaudí-Schüler Joan Rúbio).

Auf dem Gipfel des Tibidabo wacht eine Statue der Sagrat Cor über die Stadt.

BERÜHMTE BARS MIT PANORAMABLICK

Schließlich wird die Av. del Tibidabo zum C. de Manuel Arnús, der dann gleich in einen kleinen Platz, die **Pl. del Doctor Andreu,** einmündet. Am Platz liegen zwei bekannte Bars und Restaurants. Sowohl das Mirablau als auch das Mirabé (→ S. 161) bieten breite Panoramafenster und Ausblicke, die jene von der Terrasse des Park Güell noch um einiges übertreffen. Leicht zurückgesetzt thront auf einer Anhöhe die **Casa Evarist Arnús.** Das märchenhafte neugotische Gebäude entstand bis zum Jahr 1903, in manchen Nächten wird es auch spektakulär illuminiert.

Von der Pl. del Doctor Andreu kann man nun entweder über den C. de Manuel Arnús und auf weiteren verschlungenen Wegen bis zum Gipfel des Tibidabo wandern. Deutlich schneller lassen sich die immerhin noch fast 300 Höhenmeter mit der alten Standseilbahn **Funicular del Tibidabo** überwinden – die Fahrt dauert nur wenige Minuten.

NOSTALGISCHER VERGNÜGUNGSPARK

Oben angekommen liegt – mit der Bergstation im Rücken – rechter Hand der Eingang zum **Parc d'Atraccions del Tibidabo** (→ S. 159). Manche Attraktionen dieses historischen Vergnügungsparks, beispielsweise das Automatenmuseum (Museu d'Automates), das Flugzeug, das Karussell und das Riesenrad, haben herrlich Patina angesetzt: Der Park wurde schon 1901 eröffnet, zusammen mit der Standseilbahn. Erst zwei Jahre zuvor hatte der Unternehmer Salvador Andreu i Grau gemeinsam mit mehreren Partnern weite Teile des Tibidabo aufgekauft. Sein erklärtes Ziel war es, den Berg zu urbanisieren. Während der späten 1880er-Jahre war bereits eine schmale Straße zum Gipfel und dort dann eine kleine Einsiedelei gebaut worden, nach oben gelangte man normalerweise nur mit einem strammen Tagesmarsch. Doch die Infrastrukturprojekte von Salvador Andreu (der auch die Entwicklung der prunkvollen Av. del Tibidabo initiierte) machten den Gipfel auf einmal ganz nah- und erreichbar – und ließen ihn beinahe über Nacht zu einem äußerst beliebten Ausflugsziel werden.

Heute geht es sogar noch etwas höher hinaus! Neben dem Vergnügungspark steht die 1961 fertiggestellte Kirche **Sagrat Cor** (Herz-Jesu-Kirche, wörtlich: Kirche des Heiligen Herzes (→ S. 160). Ihr weitgehend mittelalterlich-neugotischer Stil erinnert an die Casa Evarist Arnús – jenes burgartige Gebäude, das über der Talstation der Standseilbahn thront. Tatsächlich wurden beide Bauwerke vom selben Architekten, Enric Sagnier i Villavecchia, entworfen. Steinerne Skulpturen der zwölf Apostel säumen das Dach des Gotteshauses. Auf dem höchsten der drei Kirchtürme steht man zu Füßen einer bronzenen Jesusskulptur mit weit ausgebreiteten Armen.

RÜCKBLICK INS HINTERLAND

Hier eröffnet sich das letzte, weiteste und spektakulärste Panorama dieses Spaziergangs. Neben dem – aus niedrigeren Lagen bereits vertrauten – Blick auf Barcelona sieht man von hier aus auch zum ersten Mal das Hinterland der Metropole. Klar erkennbar ist der Verlauf der Serra de Collserola: Das teilweise als Naturpark geschützte Mittelgebirge reckt sich parallel zur Küste dem Himmel entgegen, der Collserola stellt seine höchste Erhebung darf. Auf einem nahen Nebengipfel steht der große Telekommunikationsturm **Torre de Collserola** (→ S. 160), bei guter Sicht erkennt man in der Ferne außerdem die gezackte Silhouette des **Montserrat** (→ S. 198).

AUSFLUG
Montserrat: Pilgerfahrt zum Säge-Berg

Der »Säge-Berg«, so die Übersetzung seines Namens, erhebt sich 1236 m hoch im Hinterland von Barcelona. Er gilt als katalanisches Wahrzeichen und Heiligtum, ist Standort eines berühmten Bergklosters – sowie ein besonders beliebtes Ziel für Wochenendausflügler.

Anfahrt: Mit der Bahn (Regionallinie R5) ab Pl. d'Espanya in Richtung Manresa bis zur Station Aeri de Montserrat (bei Weiterfahrt mit der Seilbahn) oder bis zur Station Monistrol de Montserrat (bei Weiterfahrt mit der Zahnradbahn). Kauf von vergünstigten Kombitickets nur vor Reiseantritt, Reisezeit etwa 1 Std. zuzüglich Fahrtdauer von Seilbahn/Zahnradbahn. Mit dem Auto über die A 2, ebenfalls etwa 1 Std., **Dauer:** Tagesausflug, **Einkehrtipp:** Restaurant Montserrat, Mirador dels Apòstols, Kontakt über Montserrat Visita, **Auskunft:** Montserrat Visita, Monestir de Montserrat, Tel. 9 38 77 77 01, www.montserratvisita.com

Schon die Anreise bietet großartige Blicke über das schroffe Sandsteingebirge. Mit dem Auto aus Barcelona kommend umrundet man den Montserrat erst einmal fast vollständig, auch die Seil- oder Zahnradbahn eröffnet besondere Panoramen – alle Wege haben hier ihre eigenen Reize. Und alle führen bis an das 721 m hohen Plateau der Benediktinerabtei Santa Maria de Montserrat.

DAS TÄGLICHE MARIENLIED

Direkt aus dem Fels scheint das große Gebäudeensemble zu wachsen, weit über seine Dächer ragt gleich hinter ihm der nackte Stein. Eher nüchtern gibt sich noch seine Fassade, viel prächtiger dann die Basilika. Täglich um 13 Uhr singt hier die Escolania del monestir de Montserrat – ein 1307 erstmals urkundlich erwähnter Knabenchor – das Marienlied »Virolai«.

MONTSERRATS »SCHWARZE MADONNA«

Von etwa 80 Mönchen wird das Kloster nach wie vor bewohnt. Wallfahrer – für sie ist Montserrat nach Santiago de Compostela das zweitwichtigste Ziel in ganz Spanien – verehren hier eine »Schwarze Madonna«: Die Mare de Déu de Montserrat soll nach einer Legende Lukas, der Evangelist, mit eigenen Händen geschnitzt haben. Die Figur aus Pappelholz ist etwa 95 cm groß und vergoldet. Weiter bis zur Höhle, in der sie angeblich von Schäfern gefunden worden war, fährt übrigens die Standseilbahn Funicular de la Santa Cova.

VERLAG UND ZUFLUCHTSORT

Doch auch ungläubigen Katalanen gilt der Montserrat als ganz besonderer Ort, als bedeutendes Zentrum der katalanischen Kultur. Viele wichtige Druckwerke erschienen im 1499 gegründeten Verlag des Klosters, zu Zeiten des autoritären Franco-Regimes diente der Berg als Zuflucht und Treffpunkt oppositioneller Intellektueller. Neben einer großen Bibliothek mit mittelalterlichen Werken gehört ein großes Museum zum Kloster. Hier kann man archäologische Funde aus dem Heiligen Land bestaunen, auch Gemälde von alten und neuen Meistern, etwa El Greco, Claude Monet, Edgar Degas, Ramon Casas, Pablo Picasso und Salvador Dalí.

AUF DEN GIPFEL DES MONTSERRAT

Hinauf zum 1236 m hohen Gipfel des Montserrat gelangt man nun zu Fuß – nur auf dem ersten Abschnitt der Strecke fährt noch eine weitere Zahnradbahn, der Funicular de Sant Joan. Schon an seiner Bergstation warten atemberaubende Panoramen auf den Besucher, die Aula de la Natura informiert über Flora und Fauna der 10 km langen Gebirgskette. Auch verschiedene Nebenwege sind ausgeschildert: Kleinere Klöster und Einsiedeleien lassen sich entdecken, genauso wie hervorragend zum Klettern geeignete Wände. Vom höchsten Punkt des Montserrat kann man dann fast ganz Katalonien bewundern: Im Norden geht der Blick bis zu den Pyrenäen, im Süden ist an Tagen mit besonders guter Sicht sogar Mallorca zu erkennen.

Reben in Sant Sadurní d'Anoia, dem Hauptort der katalanischen Cava-Produktion.

KATALANISCHE KELLERKINDER

Cava statt Champagner

Schwach schaukeln die Blätter der mächtigen Eiche im Wind, der laue Luftzug schafft keine Kühlung. Mit mehr als 35 Grad brennt die Sonne jetzt hinab auf Weinberge, die sich hier, in der westlich von Barcelona gelegenen **Penedés-Region,** bis zum Horizont erstrecken. Nur Manuel Raventós i Blanc scheint von der Hitze gar nichts zu merken. Mit dunkelgrauem Anzug und sorgfältig gestutztem Vollbart steht er kerzengerade unter dem Baum, ein knorriger Patriarch wie aus dem Bilderbuch.

»Diese Eiche ist ein Symbol für alles, was uns wichtig ist, vor allem unsere 500 Jahre alte Tradition«, sagt Raventós – und scheint vom modernen Firmensitz seiner Cava-Kellerei Raventós i Blanc sofort Lügen gestraft zu werden. Das Unternehmen wurde erst 1986 gegründet, zu der Zeit entstand auch das mit Architekturpreisen ausgezeichnete Backsteingebäude.

Also, wie war das jetzt mit der rund ein halbes Jahrtausend alten Geschichte? Auf jeden Fall ist sie bewegt, die Historie des **Cava,** jenes nach der Champagner-Methode hergestellten

Schaumweins aus dem Penedés. Noch bis in die 1980er-Jahre verkauften die spanisch-katalanischen Winzer ihr Produkt einfach als Champagner. Dann trat Spanien der Europäischen Gemeinschaft bei, die Winzer durften den geschützten Begriff daraufhin nicht mehr verwenden – und mussten so ihre eigene Marke erfinden.

Die Story hat ein Happy End: Heute gilt der neue Name (der übersetzt einfach »Keller« bedeutet) längst als Auszeichnung. In Barcelona trinkt man mittlerweile viel Cava und nur noch selten den Edel-Schaumwein aus Frankreich. Was auch an dem vergleichsweise günstigen Preis liegen mag: Richtig guten Cava gibt es schon ab 30 bis 40 Euro pro Flasche. Ist er, wie jetzt oft behauptet wird, trotzdem genauso gut wie Champagner? »Der Vergleich geht fehl«, sagt Manuel Raventós i Blanc, »mit Cava haben wir ein ganz anderes, eigenes Produkt.« Gemacht aus anderen Trauben (vor allem Macabeo, Xarel·lo und Parellada), gewachsen auf anderen Böden, unter anderen klimatischen Bedingungen (dank denen er, im Unterschied zu den meisten Schaumweinen, auch ohne beigegebene Süße nicht zu herb wird).

Raventós i Blanc muss es wissen. Die Geschichte seiner Familie ist eng mit der des Getränks verwoben. Seine Vorfahren gründeten Mitte des 16. Jahrhunderts im Penedés die erste Weinkellerei und mit ihr die bis heute bekannte Marke **Cordoníu.** In den 1870er-Jahren stellte sein Ururgroßvater dann als einer der Ersten Schaumwein her. Ein Jahrhundert später stritt sich die Familie über den künftigen Kurs der Marke, es kam zur Spaltung: Cordoniú bedient seitdem noch stärker den Massenmarkt, mit Raventós i Blanc entstand eine neue Kellerei: kleiner, feiner, qualitätsbewusst – so wie die meisten der 270 Cava-Kellereien.

Allein im beschaulichen Penedés-Städtchen **Sant Sadurní d'Anoia** haben sich, etwa eine halbe Autostunde von Barcelona entfernt, rund 75 Cava-Produzenten angesiedelt, auch Cordoniú und Raventós i Blanc. Durch den Kalksteingrund unter dem Städtchen ziehen sich kilometerlange Keller, von denen heute viele für Besucher offen stehen.

AUSFLUG
Tarragona: Klein-Barcelona? Klein-Rom!

Tarraco hieß die Hauptstadt einer der größten Provinzen des Römischen Reichs, weite Teile des heutigen Spaniens wurden von hier aus regiert. Überreste vieler monumentaler Bauten der antiken Metropole sind in Tarragona erhalten geblieben.

Anfahrt: Mit dem Zug ab Bahnhof Barcelona-Sants (ca. 1 Std.) oder mit dem Auto über die E 15 und C 32 (ebenfalls ca. 1 Std., teilweise mautpflichtige Straßen), **Dauer:** Tagestrip, **Einkehrtipp:** Quim Quima, C. de les Coques 1, Tel. 9 77 25 21 21, www.quimquima.com, €–€€, **Auskunft:** Tarragona Turisme, C. Mayor 39, Tel. 9 77 25 07 95, www.tarragonaturisme.cat

Auch hier führt eine breite Rambla ans Meer, und auch hier wollen opulente Modernisme-Bauten bestaunt werden – beim Bummel durch Tarragona wird man oft an Barcelona erinnert. Nur deutlich beschaulicher wirkt das knapp 100 km westlich der großen Metropole gelegene Städtchen.

Von Tarraco aus kontrollierte Rom früher seine Provinz Hispania Tarraconensis, also weite Teile des heutigen Spaniens. Kaiser residierten hier, mächtige Bauten entstanden, etwa ein Amphitheater und ein Tempelbezirk. Als erste Provinzhauptstadt des Römischen Reichs war Tarragona Vorbild für viele weitere Siedlungsgründungen.

Noch heute sind viele Monumente gut erhalten geblieben. Besonders beeindruckend ist das **Amphitheater** am Hang südostlich der Via Augusta. Auch Ruinen des 290 m langen **Circus** – der Wagenrennbahn – können besichtigt werden. Als »Archäologisches Ensemble Tarraco« gehören diese und weitere Anlagen heute zum UNESCO-Weltkulturerbe. Wie sonst nur in Rom selbst lassen sich in Tarragona Gebäudereste aus allen Epochen des Imperiums bewundern. Viele Büsten, Statuen, Sarkophage und weitere Relikte zeigt auch das **Museu Nacional Arqueològic de Tarragona**.

AUSFLUG
Schickes Seebad Sitges: Pack die Badehose ein!

Ein malerischer Ortskern, Museen und Modernisme-Perlen, vor allem aber lange Strände und Promenaden, in der Luft der Duft von Sonnenmilch und frittierten Patatas bravas – für kleine Fluchten an die Küste ist Sitges die erste Wahl.

Anfahrt: Mit der Bahn ab Pg. de Gràcia, Sants oder Estació de França (Abfahrt alle 30 Min., Fahrzeit etwa 40 Min.) oder mit dem Auto in Richtung Flughafen und dann weiter über die B 20/C 32 (30–40 Min., mautpflichtig), **Dauer:** Tages- oder Halbtagestrip. Sitges liegt auf der Strecke nach Tarragona, beide Ausflüge lassen sich also auch kombinieren, **Einkehrtipp:** El Castell de Sitges, C. de la Carreta 1, Tel. 9 38 94 33 49, www. elcastelldesitges.com, €€, **Auskunft:** Sitgestur, Pl. d'Eduard Maristany 2, Tel. 9 38 94 42 51, www.sitgestur.cat

Vom neoklassizistischen Bahnhof des Städtchens geht man dann durch die verwinkelten Gassen der Altstadt, vorbei an modernistischen Prachtbauten und charmanten Restaurants. Unten, am Wasser, erstrecken sich Strand und Promenade, weiter links steht auf einem Felsen die Barockkirche **Sant Bartomeu i Santa Tecla.**

Schon im späten 19. Jh. entdeckte Modernisme-Maler Santiago Rusiñol das malerische Seebad. In den früheren Arbeits- und Wohnräumen des Künstlers, dem **Museu Cau Ferrat,** lassen sich Rusiñols eigene Werke neben Arbeiten von El Greco, Ramon Casas und Pablo Picasso bewundern. Heute gilt Sitges auch als ein sehr beliebter Schauplatz für Festivals. Zu dem renommierten **Sitges Film Festival** kommen sogar Hollywood-Stars wie Anthony Hopkins, David Lynch und Quentin Tarantino.

Mit mehr als 1,6 Mio. Einwohnern ist Barcelona
die elftgrößte Stadt der Europäischen Union und
nach Madrid die zweitgrößte Spaniens.

WISSENSWERTES

SERVICE

Anreise und Ankunft
Mit dem Auto
Für die Fahrt nach Barcelona muss man zwischen 9 Std. (ab Freiburg) und 18 Std. (ab Flensburg) veranschlagen. In Frankreich und Spanien führt die Route über gut ausgebaute, aber mautpflichtige Autobahnen. Besucher aus Österreich fahren in der Regel auch durch Italien oder die Schweiz.

Mit der Bahn
Ab Freiburg oder Zürich dauert die Fahrt nach Barcelona mit der Bahn mindestens 11 Std. Ab Österreich, Ost- oder Norddeutschland dauert die Anreise entsprechend länger.

Mit dem Flugzeug
Die Taxifahrt vom Airport ins Zentrum kostet etwa 25 €, je nach Uhrzeit, Wochentag und Anzahl der Gepäckstücke auch mehr. Eine gute Alternative ist der Aerobus (einfache Fahrt 5,90 €, rund 35 Min. bis zur Pl. de Catalunya). Die Linie A1 (ab Terminal 1) verkehrt fast den ganzen Tag lang im Fünf-Minuten-Takt, die Linie A2 (ab Terminal 2) im Zehn-Minuten-Takt. Detaillierte Infos unter www.aerobusbcn.com. Nachts wird der Aerobus durch die Buslinien N16 und N17 ersetzt. Züge fahren zwischen etwa 6 und 23.30 Uhr alle 30 Min. vom Flughafen ins Zentrum, sie halten auch am Bahnhof Barcelona Sants. Die Metrolinie L9 verbindet den Flughafen und die Zona Universitària.

Arqueoticket
Für 14,50 € kann man mit dieser Kombikarte vier wichtige Geschichtsmuseen besuchen: das Museu d'Arqueologia de Catalunya (Archäologie), das Museu Egipci de Barcelona (Ägyptologie), das Museu d'història de la ciutat de Barcelona (Stadtgeschichte) und das Born Centre de Cultura i Memòria (Stadtgeschichte und Kulturzentrum).

Articket
Gute Nachricht für Kunstfans: Gleich ein ganzes Jahr lang gilt das Articket. Es kos-

Taxis erkennt man in Barcelona an der schwarz-gelben Lackierung.

tet 35 € – statt sonst 63 € für den einmaligen Besuch in den sechs teilnehmenden Häusern: CCCB (Centre de Cultura Contemporània de Barcelona), Fundació Antoni Tàpies, Fundació Joan Miró, MACBA (Museu d'Art Contemporani de Barcelona), MNAC (Museu Nacional d'Art de Catalunya) und Museu Picasso.
www.articketbcn.org

Auskunft
www.barcelonaturisme.com

Barcelona Card
Freier Eintritt in mehreren Museen. Auch für Busse, Metro und Golondrinas (Ausflugsboote, einmalige Fahrt) ist bei Vorlage dieser Karte kein weiterer Ticketpreis fällig. Viele Geschäfte, Sehens-würdigkeiten, Touranbieter und Restaurants bieten daneben Ermäßigungen von 5 bis 50 %. Wer an wenigen Tagen viel besichtigen will, kann mit der Karte also kräftig sparen. Kostenpunkt: 46 € für drei Tage, 56 € für vier Tage oder 61 € für fünf Tage. Kinder (4–12 Jahre) zahlen 22, 28 oder 33 €. Erhältlich bei den Büros der Touristeninformation am Airport oder in der Stadt.
www.barcelonacard.org

Buchtipps
Wolfhart Berg: Barcelona. Eine Stadt in Biographien: MERIAN porträts (GRÄFE UND UNZER, 2012). 20 ausgewählte Biografien von berühmten Söhnen und Töchtern Barcelonas zeichnen ein lebendiges Bild der Stadt.

Ildefonso Falcones: Die Kathedrale des Meeres (Fischer, 2007). Arnau arbeitet nicht nur als Lastenträger (*bastaixo*) für die Baumeister der beeindruckenden, heute noch immer im Altstadtviertel El Born zu besichtigenden Kirche Santa Maria del Mar. Er ist auch Held dieses historischen Romans, der von der Entstehung des mittelalterlichen Gotteshauses berichtet. Der mittlerweile als Serie verfilmte Bestseller liefert viele Hintergrundinfos zur damaligen Blütezeit Barcelonas.

Eduardo Mendoza: Die Stadt der Wunder (Suhrkamp, 2007). Mittellos kommt der junge Onofre Bouvila nach Barcelona – wo er sich anfangs notdürftig durchschlagen muss. Aufbruchsstimmung hat die Stadt erfasst, sie bereitet gerade die Weltausstellung von 1888 vor. Onofre nutzt die Gunst der Stunde, schwingt sich bald zum schwerkriminellen Paten der Metropole auf. Mit bitterer Ironie beschreibt der Roman von Eduardo Mendoza die für Barcelona so prägenden Jahrzehnte vor und nach der Wende zum 20. Jh.

Carlos Ruiz Zafón: Der Schatten des Windes (Insel, 2002). In einem mysteriösen Antiquariat findet der jugendliche Protagonist dieses Romans ein altes Buch, das ihn bald durch die engen Gassen der Altstadt und das Barcelona einer heute längst vergangenen – aber dabei im Stadtbild noch immer allgegenwärtigen – Zeit führt. Wunderbar auch als literarischer Reiseführer geeignet.

Diplomatische Vertretungen
Deutsches Generalkonsulat

Les Corts | C. de Marina 16–18 | Tel. 9 32 92 10 00 | www.barcelona.diplo.de | Publikumsverkehr im Generalkonsulat nur nach Vereinbarung

Österreichisches Honorargeneralkonsulat

Port Olímpic | C. de Marià Cubí 7 | Tel. 9 33 68 60 03 | Mo, Mi, Fr 10–12 Uhr

Schweizerisches Generalkonsulat

Eixample | Gran Vía de Carles III 94 | Tel. 9 34 09 06 50 | www.eda.admin.ch/barcelona | Mo–Fr 9–11.30 Uhr

Feiertage
1. Januar Any nou (Neujahr)
6. Januar Diada de Reis (Heilige Drei Könige – kein offizieller Feiertag)
23. April Diada de Sant Jordi (kein offizieller Feiertag)
Karfreitag Divendres Sant
Ostermontag Dilluns de Pascua Florida
1. Mai Festa del treball (Tag der Arbeit)
Pfingstmontag Lunes de Pascua Granada
24. Juni San Joan (Johannistag)
15. August L'Assumpció (Mariä Himmelfahrt)
11. September Diada Nacional (katalanischer Nationalfeiertag)
24. September Festa de la Mercè (Stadtfest)
12. Oktober Festa Nacional d'Espanya (Nationalfeiertag)
1. November Tot Sants (Allerheiligen)
6. Dezember Dia de la Constitució (Tag der Verfassung)
25./26. Dezember Nadal (Weihnachten)

Links und Apps
www.barcelona.cat
Offizielle Website der Stadt, mit vielen aktuellen, nicht nur touristischen Infos.

www.guiadelocio.com/ barcelona
Welche Bands sind gerade da? Welche Ausstellungen werden geboten, was läuft in Kino, Oper und Theater? Detaillierte Infos liefert dieser virtuelle Eventkalender der Tageszeitung El Pais für Barcelona (und viele andere Städte); nur auf Spanisch.

www.tmb.cat
Wie und wann kommt man hier am besten von A nach B? Wie lange dauert die Fahrt, was kostet sie? Antworten auf dieser Website der städtischen Verkehrsbetriebe. Englisch, Spanisch, Katalanisch; Infos auch zu touristischen Verkehrsmitteln.

Barcelona Restaurants
Smartphone-App von Turisme de Barcelona, auch auf Deutsch. 170 Einträge zu den besseren Restaurants (www.barcelonaturisme.com).
Für iOS und Android | gratis

Bus Turístic Virtual
Der Bus Turístic fährt auf mehreren Linien zu den wichtigsten Sehenswürdigkeiten – mit dieser App lassen sie sich von jedem Standort in

der Stadt lokalisieren (www.
barcelonabusturistic.cat).
Für iOS und Android | gratis

Barcelona Official Guide
Interaktive Infos auf Englisch
und Spanisch, mit mehr als
1000 Einträgen, 350 Fotos
und Karten von Turisme de
Barcelona (barcelonaturisme.
com).
Für iOS und Android | gratis

TMB App
Die App der städtischen Verkehrsbetriebe weiß, wo es
langgeht. Auch auf Englisch
(www.tmb.cat).
Für iOS und Android | gratis

**Medizinische Versorgung
Krankenversicherung**
Gängige Behandlungen sind
durch die Europäische Kran-
kenversicherungskarte abge-
deckt, Krankenrücktranspor-
te nur mit einer privaten
Zusatzversicherung.

Notruf
Polizei, Feuerwehr, Rettungs-
dienst Tel. 112

Post
Briefmarken verkaufen ne-
ben den Postämtern auch viele Tabakläden. Briefkästen

sind meistens an ihrer gelben
Farbe zu erkennen. Der Ver-
sand von Standardpostkarten
und -briefen bis zu einem Ge-
wicht von 20 g ins europäische Ausland kostet 1,40 €.

Reisedokument
Deutsche und Österreicher
können mit ihrem Personalausweis, Schweizer mit ihrer
Identitätskarte einreisen. Al-
ternativ kann auch der Reise-
pass vorgelegt werden. Al-
leinreisende Minderjährige
mit Personalausweis brau-
chen eine schriftliche Erlaub-
nis der Eltern. Kinder benöti-
gen mittlerweile ein eigenes
Reisedokument mit Foto, der
bisher übliche Eintrag im
Pass der Eltern wird nicht
mehr anerkannt.

Reiseknigge
Anrede: Zwar gibt es auf Spanisch neben dem »Du« noch
das »Sie«. Im Alltag ist die
formale Anrede aber kaum
noch üblich.
Begrüßung: Schon bei flüch-
tig Bekannten per Wangen-
kuss – allerdings nur wenn
sich Frauen untereinander
oder Frauen und Männer begrüßen. In der Regel gilt: erst
links, dann rechts. Der Kuss

wird dabei genau genommen in die Luft gehaucht, berührt wird nur Wange mit Wange. Männer begrüßen sich per Handschlag.

Trinkgeld: bis zu 10 % sind üblich, etwa in Bars, Cafés, Restaurants, Taxis. Oft lässt man auch einfach nur das Wechselgeld liegen. In gehobeneren Lokalen gibt man großzügigere Trinkgelder.

Reisezeit

Angenehm sind das späte Frühjahr und der frühe Herbst. Im Hochsommer ist die Stadt sehr heiß, voll und touristisch. Viele der authentischeren Restaurants und Boutiquen schließen im August. Sonnige, milde Tage auch noch im Winter.

Sicherheit

Vor allem an den stark touristisch geprägten Orten (also auf den dicht bevölkerten Rambles sowie in den Altstadtvierteln und in der Metro) kommt es immer wieder zu Diebstählen. Viele Taschendiebe gehen sehr geschickt vor, in den vergangenen Jahren wird aber auch wieder verstärkt von Raubüberfällen berichtet.

Stadtführungen
Bus Turístic

Besucher, die auch bei einem kurzen Aufenthalt möglichst viel sehen wollen, können Barcelona mit dem Bus Turístic erkunden. Auf seinen drei Routen verkehren oben offene Doppeldeckerbusse, die dann an 45 bekannten Sehenswürdigkeiten halten. Wer mag, steigt aus, schaut sich um und fährt später weiter. Je nach Jahreszeit kommt der nächste Bus Turístic nach 5 bis spätestens 25 Min. Inbegriffen im Ticketpreis (30 € für einen Tag, 40 € für zwei aufeinander folgende Tage, Kinder von 4 bis 12 Jahren zahlen 16/21 €) sind mehrsprachige Audioguides und Ermäßigungen beim Eintritt vieler Sehenswürdigkeiten.

www.barcelonabusturistic.cat

Strom

Die Netzspannung beträgt 220 Volt, zweipolige Stecker

URLAUBSKASSE	
1 Tasse Kaffee	ab 1,00 €
1 Glas Bier	2,00–4,00 €
1 Glas Cola	2,00–4,00 €
1 Taxifahrt (pro km)	1,17–1,40 €
1 Liter Benzin	1,20 €
Mietwagen/Tag	ab 30,00 €

sind üblich. Mitgebrachte elektronische Geräte können also ohne Adapter genutzt werden.

Telefon
Vorwahlen
D, A, CH ▶ Spanien 0034
Spanien ▶ D 00 49
Spanien ▶ A 00 43
Spanien ▶ CH 00 41

Verkehr
Auto
Parken im Zentrum ab etwa 3 € pro Stunde, 15–30 € pro Tag.

Fahrrad
»Bicing«, das günstige städtische Bikesharing-System, hat das Fahrradfahren in Barcelona erst populär gemacht, ist aber nur mit katalanischer Meldeadresse nutzbar. Besucher sind daher meistens auf andere und deutlich teurere Verleiher angewiesen, etwa auf Bike Rental Barcelona (Tel. 6 66 05 76 55, www.bike rentalbarcelona.com) oder auf Barcelona Rent A Bike (Tel. 9 33 17 19 70, www.barcelona rentabike.com). Beide – und auch weitere – Anbieter organisieren außerdem Sightseeing-Radtouren.

Mietwagen
Große Mietwagen-Flotten am Flughafen und in der Stadt. Online-Buchungen sind oft deutlich günstiger. Preise schwanken saisonal stark, im Winter gibt es Kleinwagen schon ab 30 € pro Tag und 60 € pro Woche. Besonders günstige Tarife meist nur mit Basis-Versicherungsschutz.

Öffentliche Verkehrsmittel
Mit der Metro lässt sich Barcelona gut erkunden: Durch die Altstadtviertel und das Eixample zieht sich ein dichtes Netz aus Linien. Zum Tarifsystem gehören auch Vorort- und Nahverkehrszüge, die nicht vom städtischen Verkehrsbetrieb TMB, sondern von der regionalen Bahngesellschaft FGC betrieben werden. Die Touristen-Mehrtageskarte »Hola BCN!« kostet 15,20 € (2 Tage), 22,20 € (3 Tage), 28,80 € (4 Tage) oder 35,40 € (5 Tage). Preiswerter ist oft die gewöhnliche Zehnerkarte »T-10«. Eine einfache Fahrt kostet 2,20 €.

Zoll
Auskünfte unter: www.zoll. de, www.bmf.gv.at/zoll, www. zoll.ch.

Mar Mediterrània

801

15–10 v. Chr.
Die kleine römische Kolonie Barcino wird gegründet.

Anders als in weiten Teilen der Iberischen Halbinsel bleibt die maurische Herrschaft in Barcelona und Katalonien nur ein Intermezzo. **Ludwig der Fromme**, ein Sohn Karls des Großen, vertreibt sie wieder aus der Region.

Einfall der moslemischen **Mauren**. Aus Nordafrika kommend, übernehmen sie die Macht in großen Gebieten des heutigen Spanien – die sie dann teilweise bis ins 15. Jh. beherrschen.

Vereinigung der Grafschaft Aragón mit Katalonien zur »**Krone Aragón**«. Barcelona wird zu einer der wohlhabendsten Städte am Mittelmeer.

8. Jh.

1137

1469
Die Krone Aragón und das Königreich Kastilien schließen sich zu einem neuen Staat zusammen – die
Keimzelle des modernen Spanien
ist entstanden. Kastilien gibt bald
den Ton an, Katalonien und Barcelona verlieren an Bedeutung.

1765
Weitgehende Handels-
rechte begründen neuen
Wohlstand, Barcelona
wird zum Schauplatz von
Spaniens Industrieller
Revolution.

Krieg der Schnitter: In
der »**Guerra dels
Segadors**« erhebt sich
Katalonien erfolglos
gegen die kastilische
Vorherrschaft.

1640–52

Besetzung Barcelonas
durch die Truppen von Phi-
lipp V.; Katalonien verliert
das vorher verbriefte Recht
auf Selbstverwaltung.

1714

spätes 19. Jh.

Mit dem Bau des Eixample wird Barcelona zur modernen Metropole. Antoni Gaudí und weitere bekannte Modernisme-Architekten geben der Stadt ihr neues Gesicht, viele berühmte Bauten entstehen. Auch die Arbeiten an der Sagrada Família beginnen jetzt.

1893

14 Menschen sterben bei einem anarchistischen Anschlag auf das Liceu. Barcelonas Arbeiter leben in bitterer Armut, wenden sich **Anarchismus und Kommunismus** zu.

Für ihre erste **Weltausstellung** im Parc de la Cuitadella stößt die Stadt Barcelona viele Infrastrukturprojekte an.

1888

Die Metropole veranstaltet eine **zweite Weltausstellung.** Vor allem auf dem Montjuïc entstehen beeindruckende Bauten.

1929

1930

Eine Million Menschen leben in Barcelona – doppelt so viele wie noch 30 Jahre zuvor.

1975

Franco stirbt, als neues Staatsoberhaupt leitet **König Juan Carlos** die Demokratisierung ein.

1936–39

Ein furchtbarer **Bürgerkrieg** wütet in Spanien, Barcelona wird zum Sammelbecken der antifaschistischen Kräfte. Der faschistische General Francisco Franco entscheidet den Krieg aber schließlich für sich.

1939–75

Franco regiert nicht nur diktatorisch, sondern auch zentralistisch. Mit harter Hand geht er gegen katalanische Kulturgüter vor, sogar Volkstänze werden verboten.

frühes 21. Jh.

1979

Dank eines sogenannten **Autonomiestatuts** dürfen sich die Katalanen ab 1979 auf vielen Feldern selbst verwalten.

Das **Selbstbewusstsein** der Katalanen wächst weiter, Forderungen nach mehr Autonomie oder sogar einem unabhängigen Staat werden immer lauter.

Olympia! Mehrere Wochen lang schaut alle Welt auf die Stadt, die Schubkraft der Spiele bleibt noch lange spürbar. Den sogenannten Barcelona-Effekt – nachhaltige Entwicklung durch Olympische Spiele – suchen später viele Metropolen vergeblich zu kopieren.

1992

2010

2006

Mit breiter Mehrheit sprechen sich die Katalanen für ein neues, noch weiter reichendes Autonomiestatut aus.

Das spanische **Verfassungsgericht** erklärt wichtige Teile des **Autonomiestatuts** von 2006 für unwirksam, in Barcelona protestieren mehr als eine Million Menschen gegen die Entscheidung.

Beginn der **Wirtschaftskrise**. In den kommenden Jahren klettert die Arbeitslosenquote landesweit auf mehr als 25 %, bei jungen Menschen sogar auf 50 %.

2008

2017

Ein eigener katalanischer Staat? Die Regionalregierung will das Volk befragen. Die Zentral-
gierung in Madrid erklärt das **Referendum** allerdings für illegal. Sie bietet schwer bewaffnete
Polizisten gegen friedliche Wähler auf, lässt
hochkarätige katalanische Politiker verhaften.

Die Fronten zwischen Separatisten und
Zentralregierung sind verhärtet, echte
Kompromisse erstmal nicht in Sicht. Die
katalanische Frage wird die Menschen
weiter beschäftigen.

seit 2017

BILDNACHWEIS

Titelbild (Sagrat Cor, Tibidabo): Getty Images: Alexander Spatari
Klappe hinten: gemeinfrei
Alamy Stock Photo: Stefano Politi Markovina 54/55 | AWL Images: Marco Bottigelli 106, 148, 185, Stefano Politi Markovina 158 | Getty Images: Pola Pablo Damonte 9, Jacek Kadaj 13, Busà Photography 20, Hulton Archive/Leonardo Cendamo 34, fStop Images/Tobias Titz 52/53, Buena Vista Images 66, Nicola Micheletti 77, EyeEm/Jaeyun Jang 151, Tim Stocker Photography 168, iStockphoto/carlosanchezpereyra 172, Robert Wilson 204/205, LightRocket/Frank Bienewald 220, EyeEm/Keith Hawkins 222 | Huber Images: Pietro Canali 68, 93, Anna Serrano 85, 163, Marco Arduino 171 | imago: Kraft / © VG Bild-Kunst, Bonn 2019 137, imagebroker 196 | imago images: ZUMA Press 141, Panthermedia 147 | laif: hemis.fr/Anna Serrano 17, hemis.fr/BORGESE Maurizio 33, hemis/Rene Mattes / © Successió Miró/VG Bild-Kunst, Bonn 2019 37, hemis.fr/Ludovic Maisant 45, 181, Gunnar Knechtel 51, 112 Frank Heuer 90 | Look: age fotostock 86, 179, Jürgen Richter 139 | mauritius images: imageBROKER/Jacek Sopotnicki 31, Alamy/Lucas Vallecillos 47, Alamy/Zoonar GmbH 63, Westend61 73, Alamy/Ian Goodrick 81, Alamy/Nathaniel Noir 89, hemis.fr 97, Alamy/Marc Soler 101, age fotostock 108, Carlos Sánchez Pereyra 122, Alamy/Patrycja Polechonska 127, Alamy/deadlyphoto.com 131, Alamy/Monica Wells 207, Alamy/Paul Micah 224 | picture alliance: imageBROKER/Uwe Kraft 5, imageBROKER/Barbara Boensch 98, ZUMA-PRESS.com/Paco Freire 105, imageBROKER/Robin Simon 155, imageBROKER/Valentin Wolf 190/191, NurPhoto/Joan Valls 200, Bildagentur-online 216, imageBROKER/Daniel Schoenen / © VG Bild-Kunst, Bonn 2019 218, ullstein bild/Wolfgang M. Weber 219 | plainpicture: Tamboly Photodesign 115, Robert Pola 135 | Seasons Agency: GourmetPictureGuide 23, Küppers, Andrea 43 | plainpicture: robertharding/Neale Clark 27 | Shutterstock.com: Pol Albarran Sanchez 6/7, StockBrunet 11, Kseniya Bigun 15, Evgeniya Telennaya 18, artjazz 29, Marco Rubino 59, Fotokon 60, Takashi Images 102, Goran Vrhovac 119, Ttstudio 132, engineervoshkin 167, Elijah Lovkoff 176, Feel good studio 195 | stock.adobe.com: Toniflap 82, Cristi 110

Liebe Leserin, lieber Leser,

wir freuen uns, dass Sie sich für diesen MERIAN Reiseführer entschieden haben. Unsere Autoren und Autorinnen sind für Sie unterwegs und recherchieren sehr gründlich, damit Sie mit aktuellen und zuverlässigen Informationen auf Reisen gehen können. Dennoch lassen sich Fehler nie ganz ausschließen. Wir bitten um Verständnis dafür, dass der Verlag keine Haftung übernehmen kann.

Ihre Meinung ist uns wichtig. Bitte schreiben Sie uns:
GRÄFE UND UNZER VERLAG
Postfach 86 03 66, 81630 München, www.merian.de

PEFC
PEFC/18-31-506

Leserservice
merian@graefe-und-unzer.de
Tel. 0 800 / 72 37 33 33 (gebührenfrei in D, A, CH), Mo-Do 9-17 Uhr, Fr 9-16 Uhr

© 2020 GRÄFE UND UNZER VERLAG GmbH, München
MERIAN ist eine eingetragene Marke der GANSKE VERLAGSGRUPPE.

1. Auflage 2020

Alle Rechte vorbehalten. Nachdruck, auch auszugsweise, sowie die Verbreitung durch Film, Funk, Fernsehen und Internet, durch fotomechanische Wiedergabe, Tonträger und Datenverarbeitungssysteme jeglicher Art nur mit schriftlicher Genehmigung des Verlages.
Bei Interesse an maßgeschneiderten B2B-Editionen:
roswitha.riedel@graefe-und-unzer.de
Bei Interesse an Anzeigen:
KV Kommunalverlag GmbH & Co. KG
Tel. 0 89/9 28 09 60
info@kommunal-verlag.de

Verlagsleitung: Grit Müller
Verlagsredaktion: Stella Schossow
Autor: Sascha Borrée
Redaktion und Satz: bookwise Gmbh
Bildredaktion: Marie Danner
Schlussredaktion: Ulla Thomsen
Reihengestaltung: Independent Medien Design, Horst Moser, München
Karten: Huber Kartographie GmbH für Gräfe und Unzer Verlag GmbH
Herstellung: Renate Hutt
Druck und Bindung: Printer Trento, Italien

GRÄFE UND UNZER

Ein Unternehmen der
GANSKE VERLAGSGRUPPE

BARCELONA EN DETAIL

Ein schmiedeeiserner Drache reißt sein Maul weit auf, bewacht das Eingangstor zur ehemaligen Finca von Eusebi Güell. Entworfen hat ihn Barcelonas Architekturgenie Antoni Gaudí, zusammen mit der gesamten Pforte und einigen Nebengebäuden, bekannt als Pavellons Güell. Der Drache wird Barcelona-Besuchern immer wieder begegnen, in Form von Ornamenten oder Mosaiken an vielen Modernisme-Bauten. Manchmal sind sogar ganze Dächer als Drachenrücken gestaltet, etwa bei der Casa Batlló. Was hat es auf sich mit dieser Vorliebe für das Fabeltier? Genau genommen geht es gar nicht um den Drachen selbst, sondern um einen legendären Drachentöter, den Heiligen Georg. Unter dem Namen Sant Jordi wird er in Katalonien als Schutzheiliger verehrt – und fast schon als inoffizielles Nationalsymbol.

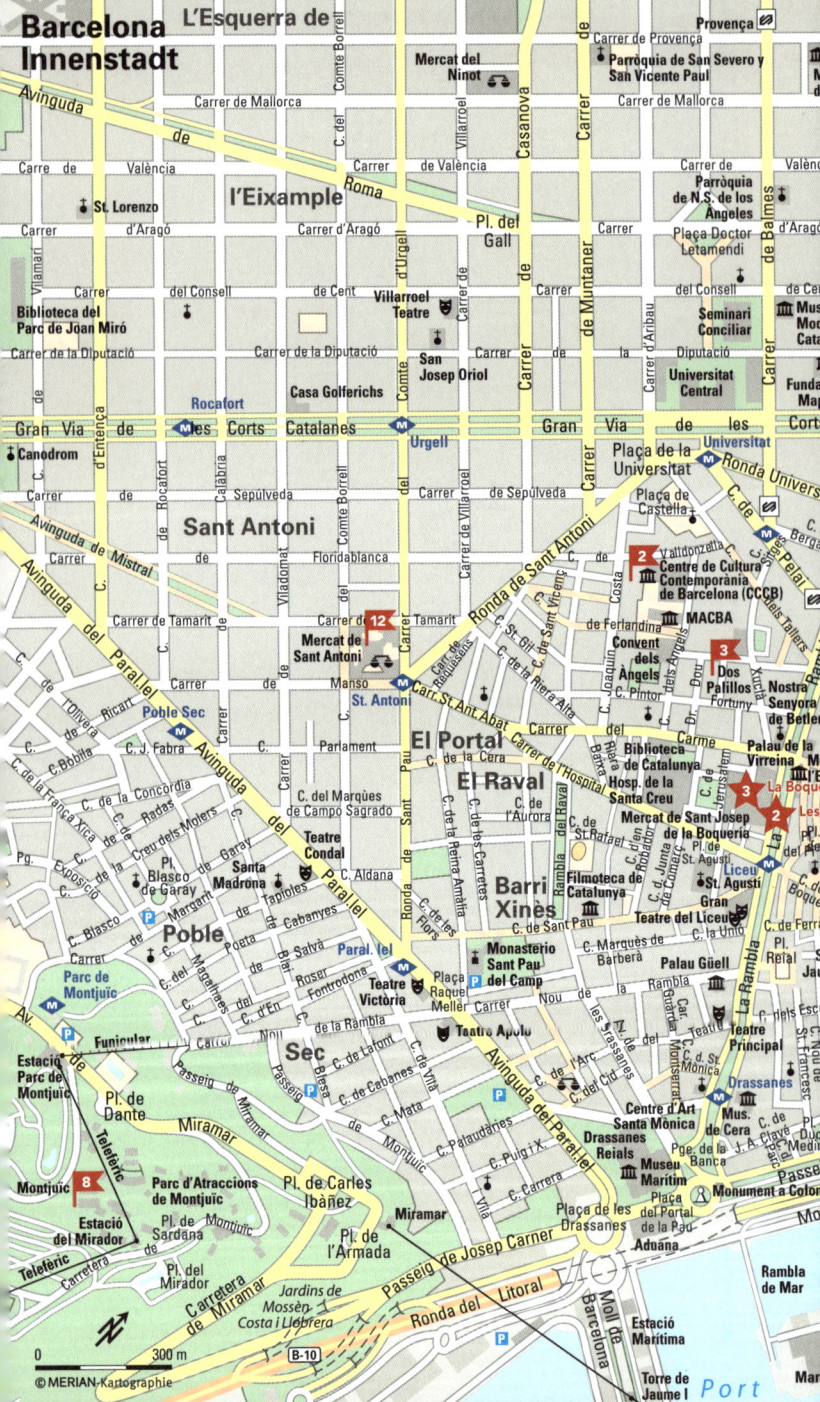